Peter Albach
Von einer fernen Welt
Das Voynich-Manuskript für Einsteiger

Peter Albach

Von einer fernen Welt

Das Voynich-Manuskript für Einsteiger

Bibliografische Information der Deutschen Nationalbibliothek:
Die Deutsche Nationalbibliothek verzeichnet diese Publikation in der
Deutschen Nationalbibliografie; detaillierte bibliografische Daten sind im
Internet über http://dnb.dnb.de abrufbar.

Verlag: BoD • Books on Demand GmbH, In de Tarpen 42, 22848 Norderstedt
Druck: Libri Plureos GmbH, Friedensallee 273, 22763 Hamburg

ISBN: 978-3-7597-8764-4

Inhalt

I
Der Weg über die Bilder

*

„Die Ausstellung zeigt das Erbario di Trento (in einer faksimilierten Kopie), ein wertvolles Manuskript aus der zweiten Hälfte des 15. Jahrhunderts, mit Bildtafeln, auf denen Heil- und Arzneipflanzen dargestellt und deren Verwendung und Wirkung beschrieben sind. Zu bewundern gibt es Zeichnungen mit Aquarellbemalung bekannter Pflanzen, wunderliche Zauberformeln, Kabbala, Bibelzitate, Gebete, Erwähnungen von Pflanzen und Tieren mit erfundenen Namen teils völlig unhaltbarer und freier Etymologie. Das wertvolle Manuskript, das im Castello del Buonconsiglio aufbewahrt wird, wurde in den Werkstätten venetischer Maler gefertigt und ist eine glückliche Verbindung von Wissenschaft und Kunst. Ursprünglich war es für Botaniker und Ärzte bestimmt, als Leitfaden zur Heilung Kranker, heute verschafft es uns Kenntnis vom wirklichen Leben der damaligen Zeit mit ihren unterschiedlichen kulturellen Einflüssen. Es ist eindrucksvoll, ganz aus der Nähe eine ferne Welt zu betrachten, die es zum Teil heute nicht mehr gibt (verschiedene Pflanzen sind ausgestorben), die es zum Teil nie gegeben hat (Phantasiepflanzen und –tiere), die zum Teil in der alternativen Medizin heute noch aktuell ist. "*

*https://www.cultura.trentino.it/deu/Termine/Antike-Pflanzenbuecher-aus-der-Bibliothek-von-Trient

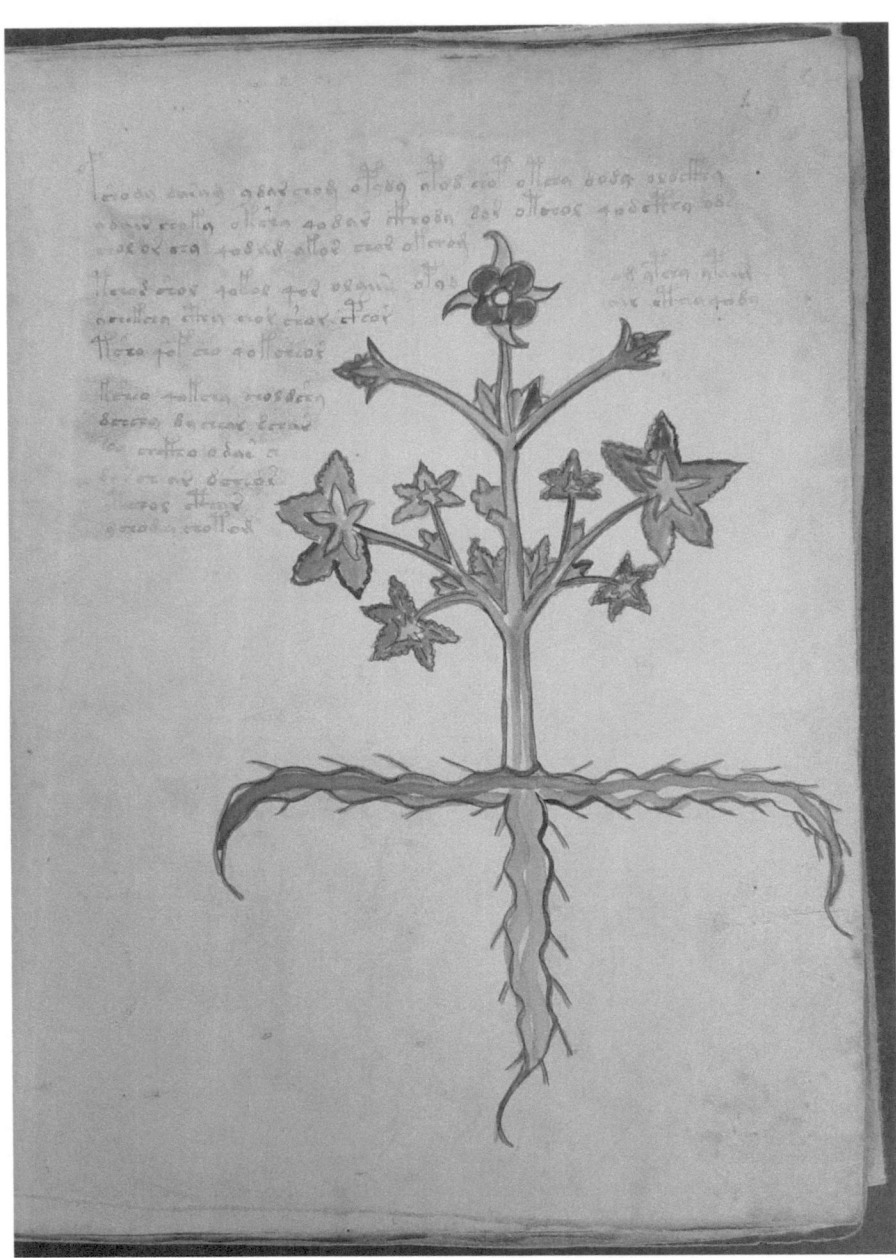

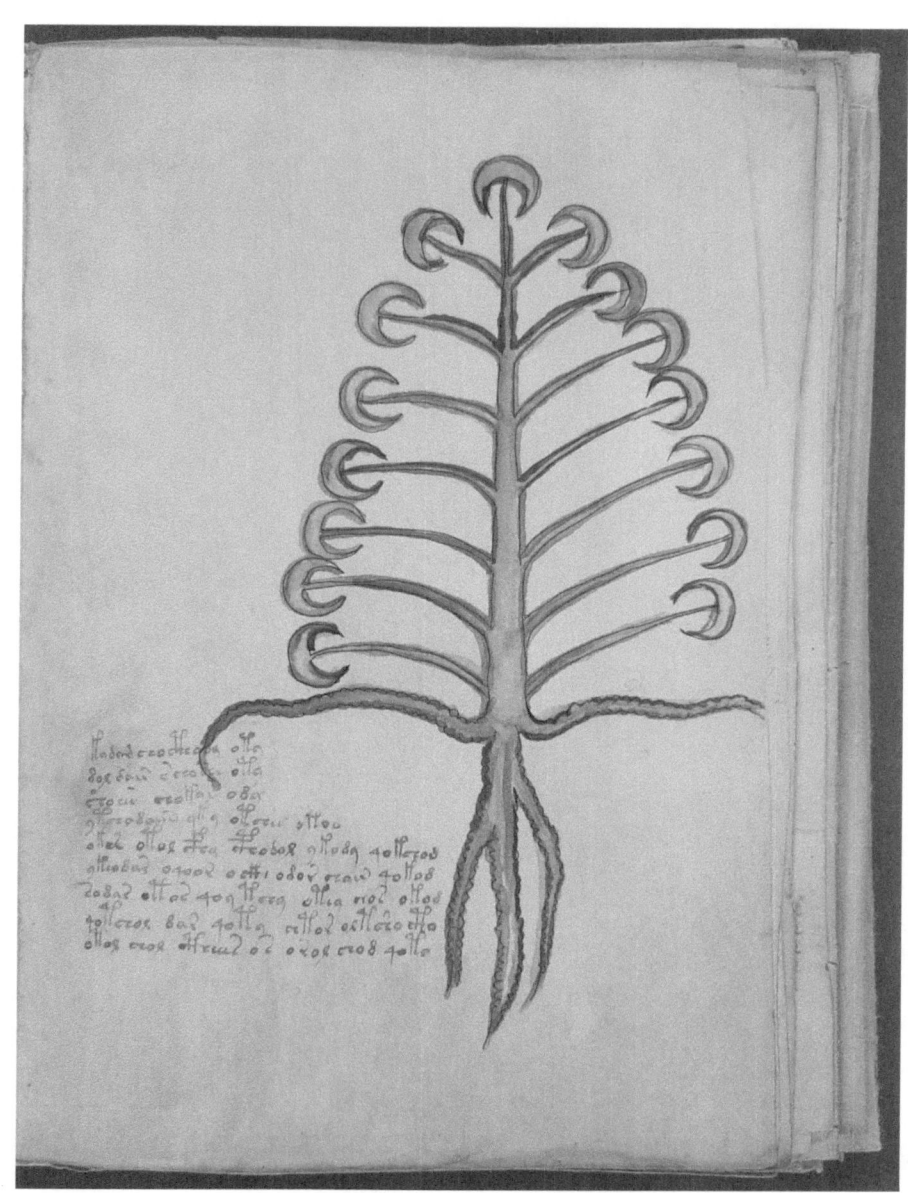

13

14

Was für ein seltsames und zugleich aufschlussreiches Buch das Erbario di Trento (Herbarium von Trient) doch ist.

Es gewährt Einblicke in eine *ferne Welt* voller Pflanzen im Kontext mit wunderlichen Zauberformeln, Kabbala, Bibelzitaten und Gebeten, Phantasiepflanzen mit erfundenen Namen teils völlig unhaltbarer und freier Etymologie, wodurch uns heute Kenntnis verschafft wird vom wirklichen Leben der damaligen Zeit mit ihren unterschiedlichen kulturellen Einflüssen.

Da die seltsamen Pflanzenillustrationen denen im Voynich-Manuskript ähneln, Entstehungszeit und Ort mit den bei Wikipedia verfügbaren Angaben zum Voynich-Manuskript übereinstimmen, liegt der Schluss nahe, dass das, was für das Erbario di Trento beschrieben ist, ebenso für das Voynich-Manuskript zutreffend sein kann, so dass der Blick endlich befreit sich den alten Wissenschaften zuwenden kann, so lächerlich diese heute auch erscheinen mögen.

Sobald die Kabbala als Zugang in das Buch bemüht wird, rückt unweigerlich das Bild vom Sephirothbaum, dem Lebensbaum der Kabbalisten ins Zentrum aller Über-legungen, wodurch sehr überzeugende Erklärungen sowohl für die gezeichnete Flora wie auch für die seltsamen Röhrenkonstruktionen darstellbar sind.

Blüten, Blätter, Zweige und Wurzeln sind bestens geeignet, das Zusammenwirken göttlicher Emanationen zwischen den 10 Sephiroth, dem Plural für das hebräische Wort Sephira =Ziffer zu illustrieren- <u>Ziffern kommunizieren miteinander</u>!

Zur Weiterleitung und Aufnahme göttlicher Emanationen werden in kabbalistischen Texten immer wieder Gefäße, Kanäle und Röhren beschrieben, womit auch diese Bilder schlüssig erklärt werden können.

Zehn Urziffern und 22 Buchstaben sind der Kern des verlorenen Schöpfungsverständnisses der Kabbalisten und es ist deshalb nachvollziehbar, dass Athanasius Kircher der letzte Besitzer des Voynich-Manuskriptes Pflanzenbestandteile zählte, steht doch die >14< bspw. für Vollkommenheit, die >37< für den Ablauf der Zeit und so weiter.

Die Schwierigkeit besteht aber darin, einen organischen Zusammenhang zwischen den Fundstellen herzustellen.

Kirchers Zählpunkte und Striche sind bis heute deutlich sichtbar und zählt der interessierte Einsteiger ebenso die Details in den Zeichnungen bildet sich im wahrsten Sinne des Wortes ein Zugang öffnet sich eine Tür in die Gedankenwelt des uns unbekannten Autors, da *allen* Illustrationen der Voynich-Code

Bild-Zahl-Text

hinterlegt ist.

Bemerkenswert ist, dass der Voynich-Code heute noch *lesbar* ist und sich als QR-Code einer erstaunlichen Renaissance erfreut. Das aus Quadraten konstruierte Bild gibt bekanntermaßen schnelle Antwort. Die schwarzen und weißen Quadrate stellen binär codierte Daten dar.

Mit anderen Worten, die Ziffern 0 und 1 sind die Mittler zwischen Bild und Text.

Wer nun meint, dass die in Pflanzenbildern verschlüsselten Zahlengeheimnisse kaum mit den Quadratkonstruktionen des Binärcodes verglichen werden können, sollte sich mit der Geschichte des Dualismus beschäftigen und staunt, dass bereits vor mehr als 300 Jahren Gottfried Wilhelm Leibniz (1646-1716) das erste binäre Zahlensystem aufschrieb.

Den QR-Code zur Quelle bei Wikipedia habe ich hier angefügt.

Tabula ...

1	1	2^0
10	2	2^1
100	4	2^2
1000	8	2^3
10000	16	2^4
100000	32	2^5
1000000	64	2^6
10000000	128	2^7
100000000	256	2^8
1000000000	512	2^9
10000000000	1024	2^{10}

Man stelle sich vor, dass der QR-Code nicht mehr benötigt wird. Binnen kurzer Zeit wäre das Wissen über dessen Sinn und Zweck vergessen und die Bilder aus Quadraten geformt sind dann noch unverständlicher, als es die Illustrationen im Voynich-Manuskript sind.

Fazit:

Der interessierte Einsteiger kann sich peu a peu in die *ferne Voynich-Welt hineinzählen,* ohne zunächst in die Tiefen der Kabbala hinabsteigen zu müssen. Verständliche Literatur gibt es zur Genüge.

Ärgerlich nur, dass eine erhebliche Zahl an Bildern durch dilettantisch aufgebrachte Tuschen unwiederbringlich zerstört sind. Einige Belegstellen für Zählpunkte/Striche und anschauliche Beispiele für die Malbuchverwendung zeige ich auf.

Ich hoffe, dass es mir mit diesem Bilderbuch (ergänzt durch etliche meiner Zeichnungen, thematisch zuordenbaren zeitgenössischen Grafiken und einigen Belegstellen) gelungen ist, interessierten Einsteigern einen eigenen Weg in das "geheimnisvollste Buch der Welt" aufzuzeigen, in jene *ferne Welt* der Kabbalisten, deren Instrumentarium zur Entschlüsselung göttlicher Mysterien bei genauerer Betrachtung unser Leben bis heute bestimmt nur das göttliches Wirken entbehrlich scheint.

Für alle, die sich mit dem wirklichen Leben der damaligen Zeit nicht auseinandersetzen wollen, denen Phantastereien und Spekulationen näher sind, bleibt die Prä-Astronautik. Etliche Signaturen im Buch bieten sich sehr augenfällig dafür an, als Zeugnis außerirdischer Intelligenz gedeutet zu werden. Nur ein Beispiel.

*

Alientechnologie?

*

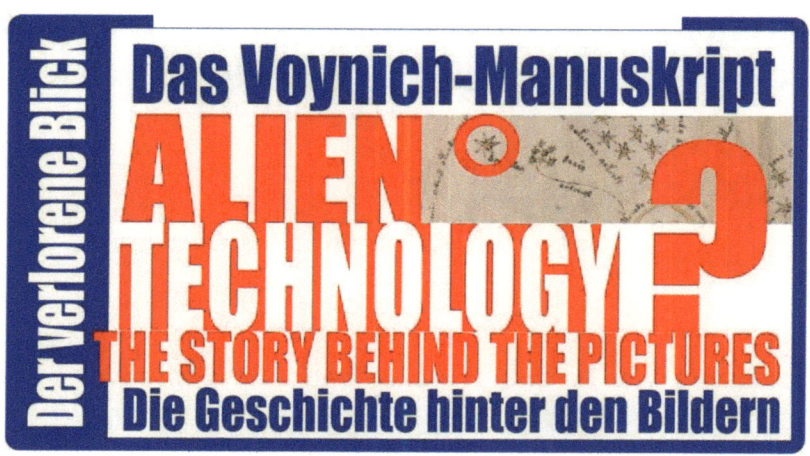

DAS VOYNICH-MANUSKRIPT

„...vollständig in einer Geheimschrift geschrieben...“

111 Jahre Entschlüsselungsgeschichte ohne Ergebnis

Ein Fall für die Prä-Astronautik?

"It may be that the colorful drawings of what look like plants, figure vegetables **from another planet**, which is not this one. The Voynich is not only **an alien herbarium**, it also seems to be an attempt to give **cosmological and astrological information.**"

Ramon Carbó-Dorca, „Athanasius Kircher SJ and the Voynich Manuscript", https://www.researchgate.net/publication/348163473_Athanasius_Kircher_SJ_and_the_Voynich_Manuscript

an alien herbarium

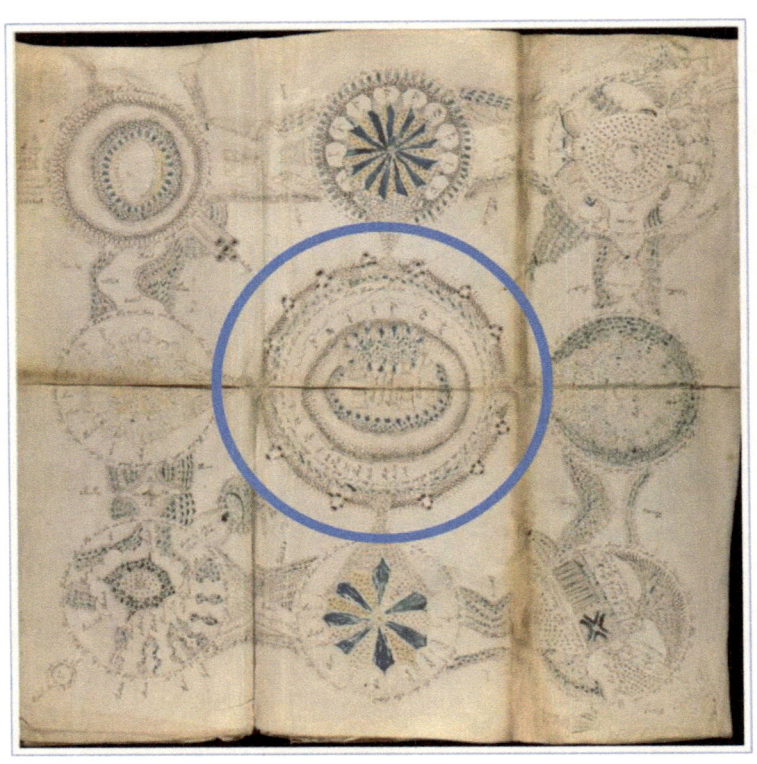

Im Zentrum der großen Geometrie – ein Raumschiffantrieb?
At the center of great geometry – a spaceship drive?

Ad astra
Wohin konkret?
Where exactly?

Die Sternenkarte auf Blatt 68r weist den Weg.
The star map on sheet 68r shows the way.

Found In: <u>Beinecke Rare Book and Manuscript Library</u> **> Cipher manuscript**

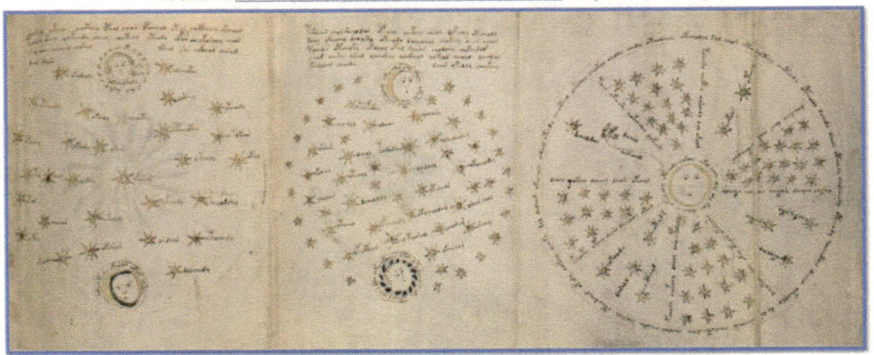

Zu den Plejaden?

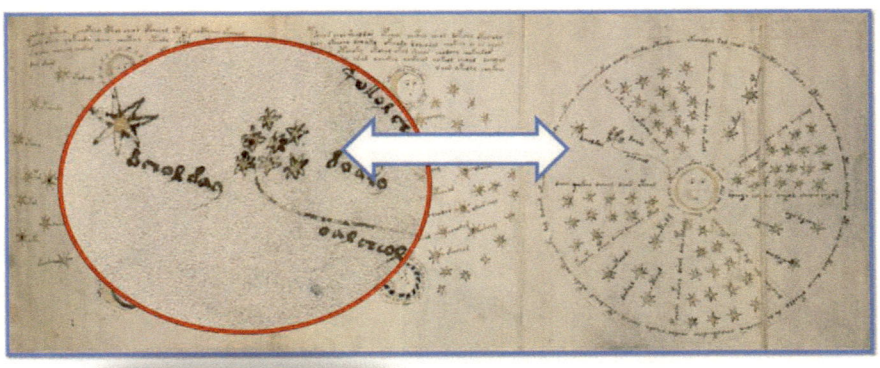

Was für eine phantastische Geschichte. Außerirdische Besucher haben vor Jahrhunderten das Manuskript verfasst und uns hinterlassen, bis die Menschheit intellektuell so weit ist das Nachrichtenkonvolut zu entschlüsseln, den eingezeichneten Raketenantrieb nachzubauen* und zum Siebengestirn zu reisen.

Dort angekommen sind die Expeditionsteilnehmer nicht sonderlich überrascht die durch das Voynich-Manuskript bekannte Flora vorzufinden und erfreuen sich in zahlreichen Badeanstalten.

Oder ist es nur so, dass altes Wissen vor langer Zeit als überflüssiger Ballast über Bord geworfen wurde und das dadurch entstandene Vakuum im Fall Voynich den Geist mit Unsinn beflügelt.

*Judy Foster lässt grüßen („Contact" Hollywood 1997).

Die Zählbilder des Athanasius Kircher

Blatt 17v (Detail)

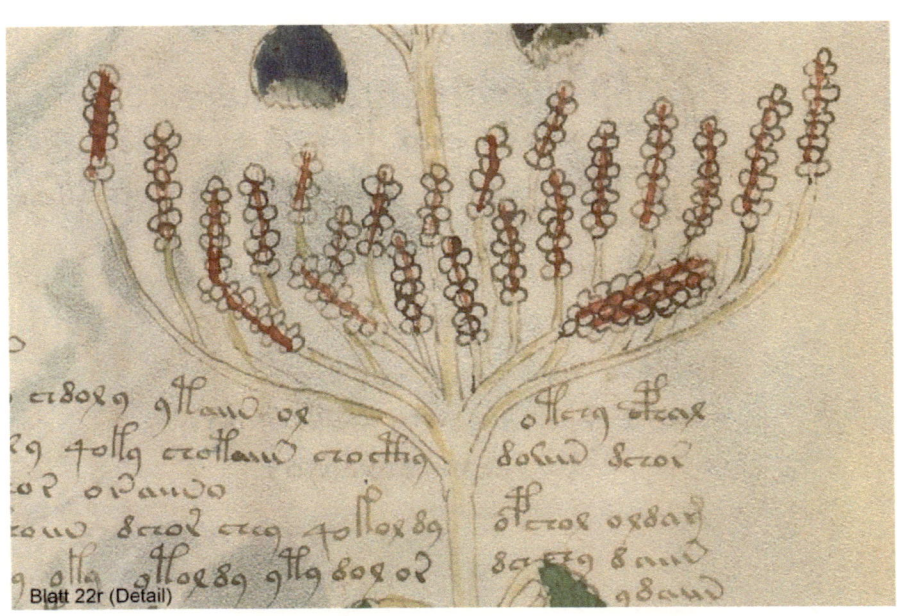

Blatt 22r (Detail)

Blatt 96v (Detail)

30

*

Das Malbuch

*

Blatt 25v (Detail)

Blatt 17r (Detail)

Blatt 22r (Detail)

Blatt 31v (Detail)

Blatt 35r (Detail)

Blatt 57r (Detail)

34

Blatt 85v (Detail)

II

Erweitertes Cipher manuscript

*

Wilfrid Michael Voynich

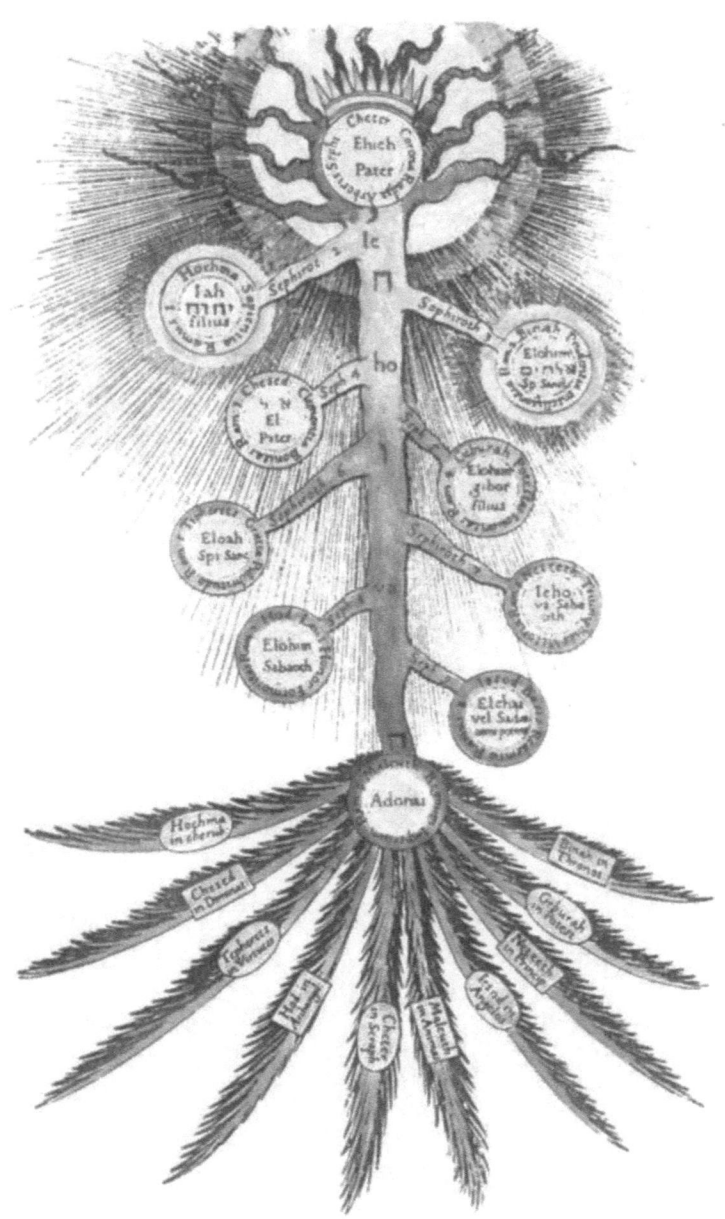

43

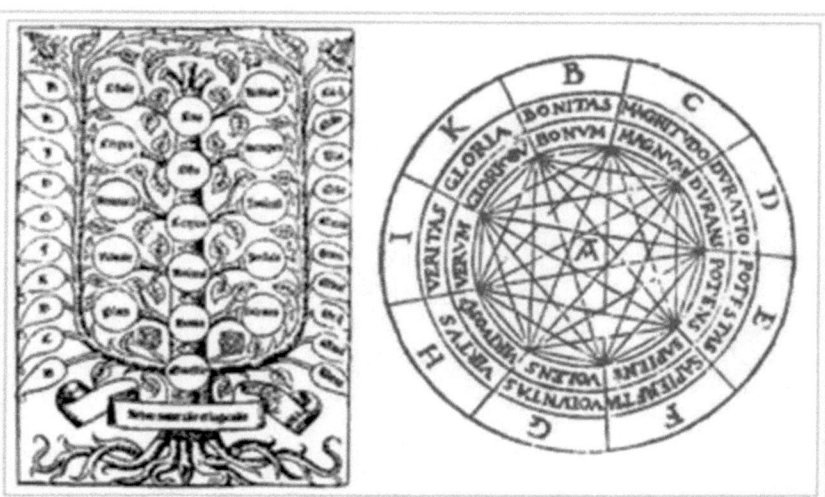

Arbor naturalis et logicalis, Natürlicher logischer Baum.
Der Mittelteil des Baumes entspricht der *Arbor porphyrii*,
die zusätzlichen Blätter auf der rechten Seite stehen für
zehn Arten von Fragen, die Blätter links sind
Buchstabenschlüssel.
Daneben *Ars Magna Figura 1*

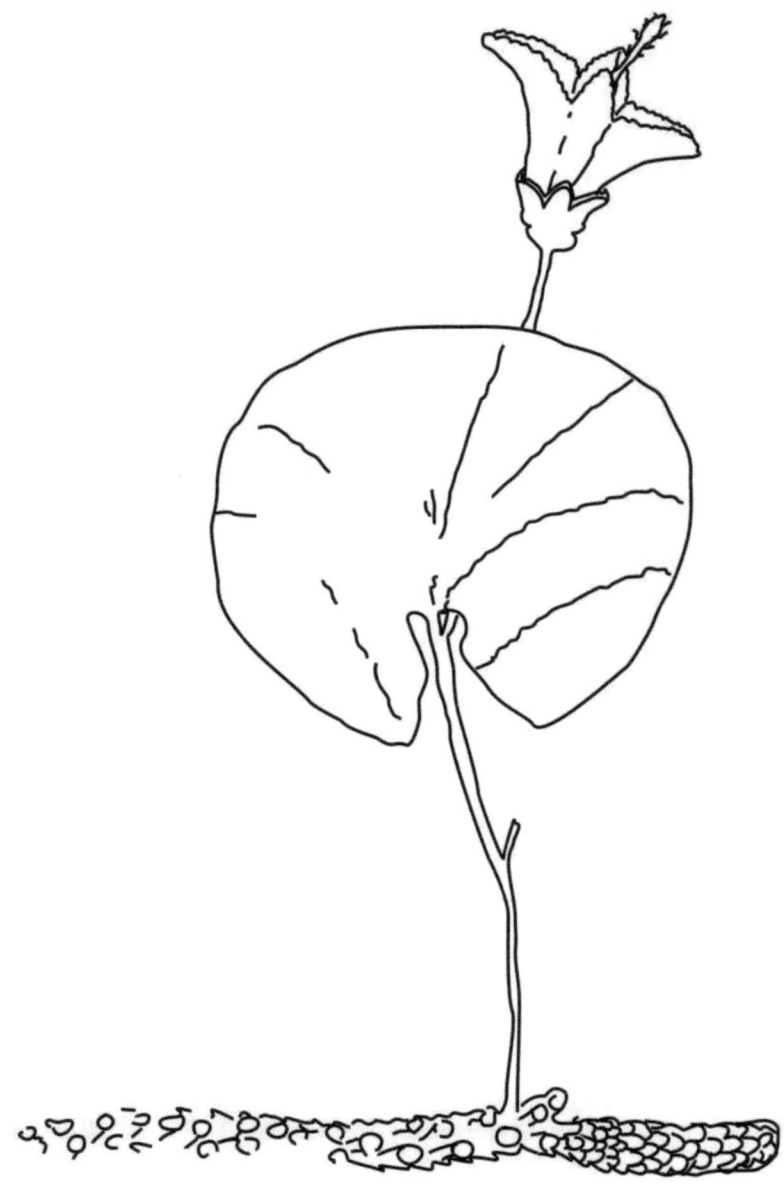

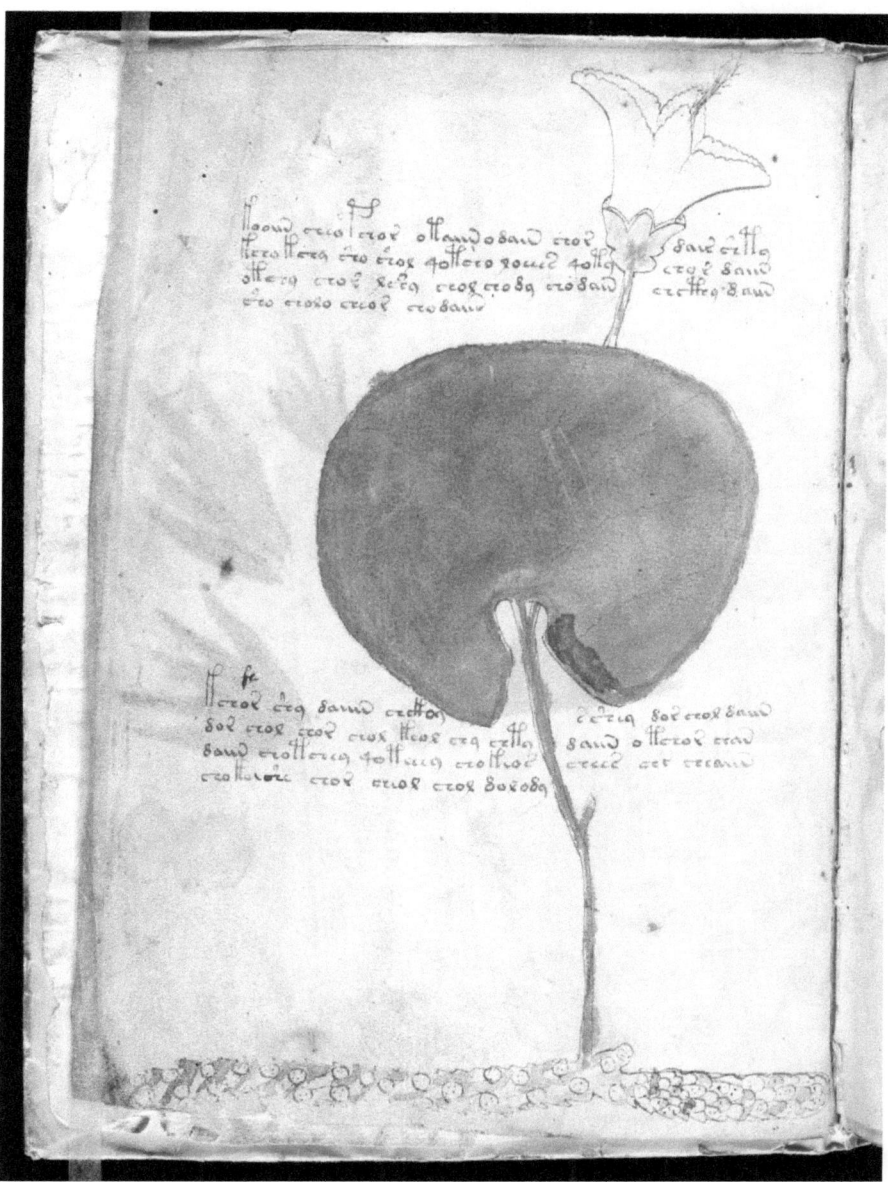

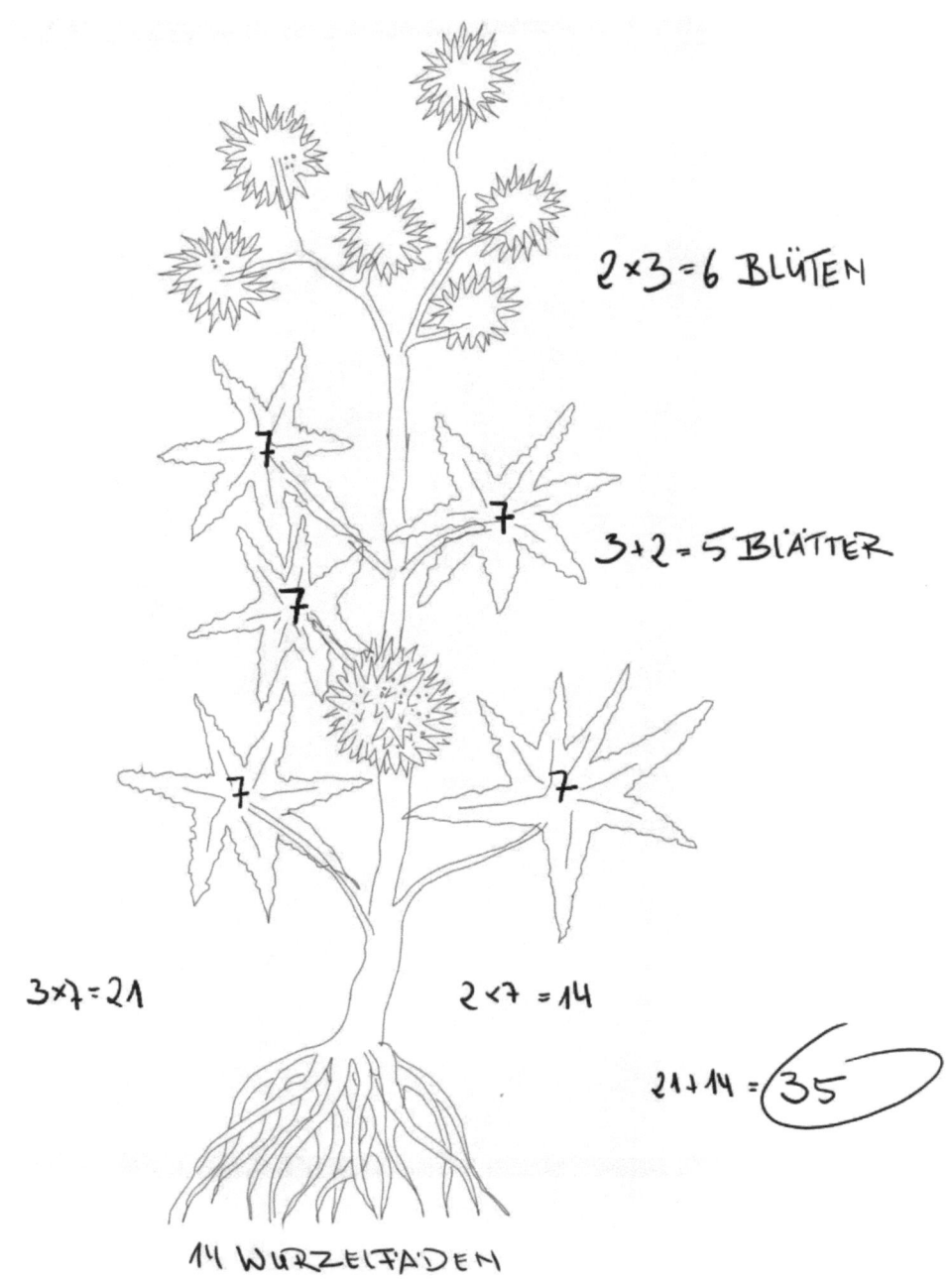

2×3=6 BLÜTEN

3+2=5 BLÄTTER

3×7=21

2×7=14

21+14 = 35

14 WURZELFÄDEN

51

53

$$2$$
$$+\ 4$$
$$+\ 4$$

$$+\ 4$$

$$+\ 8$$
$$\overline{\quad 22\quad}$$

54

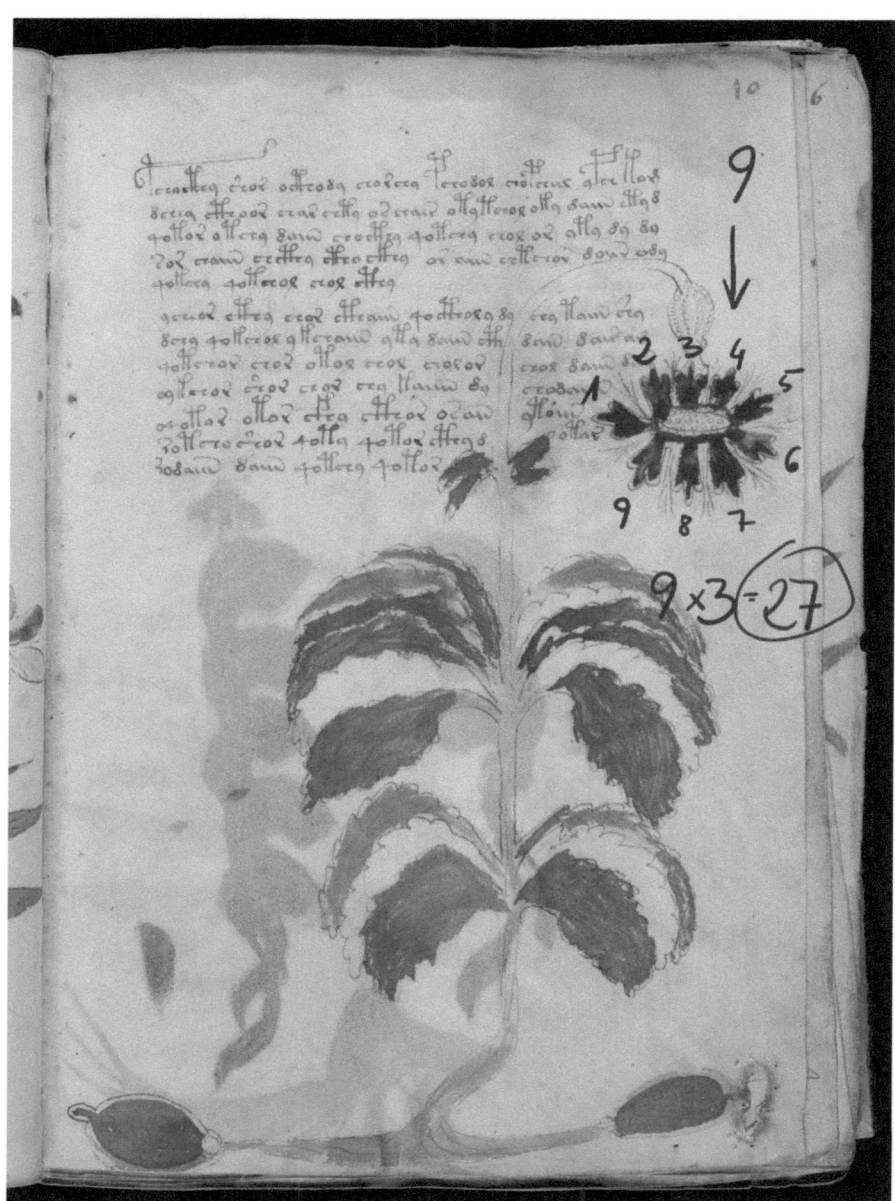

9

2 3 4
1   5

6

9 8 7

9 × 3 = 27

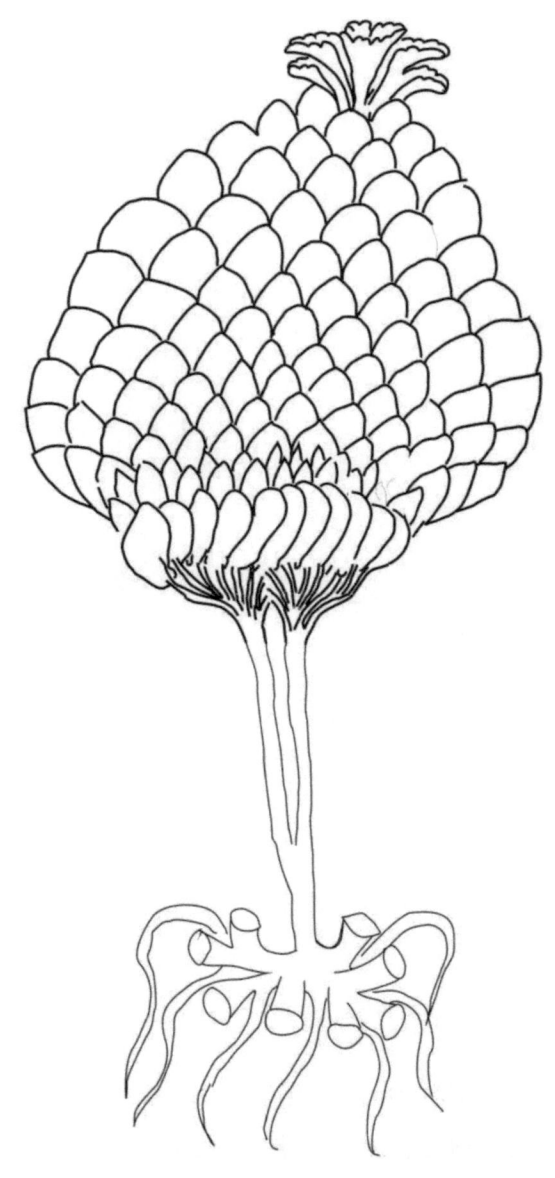

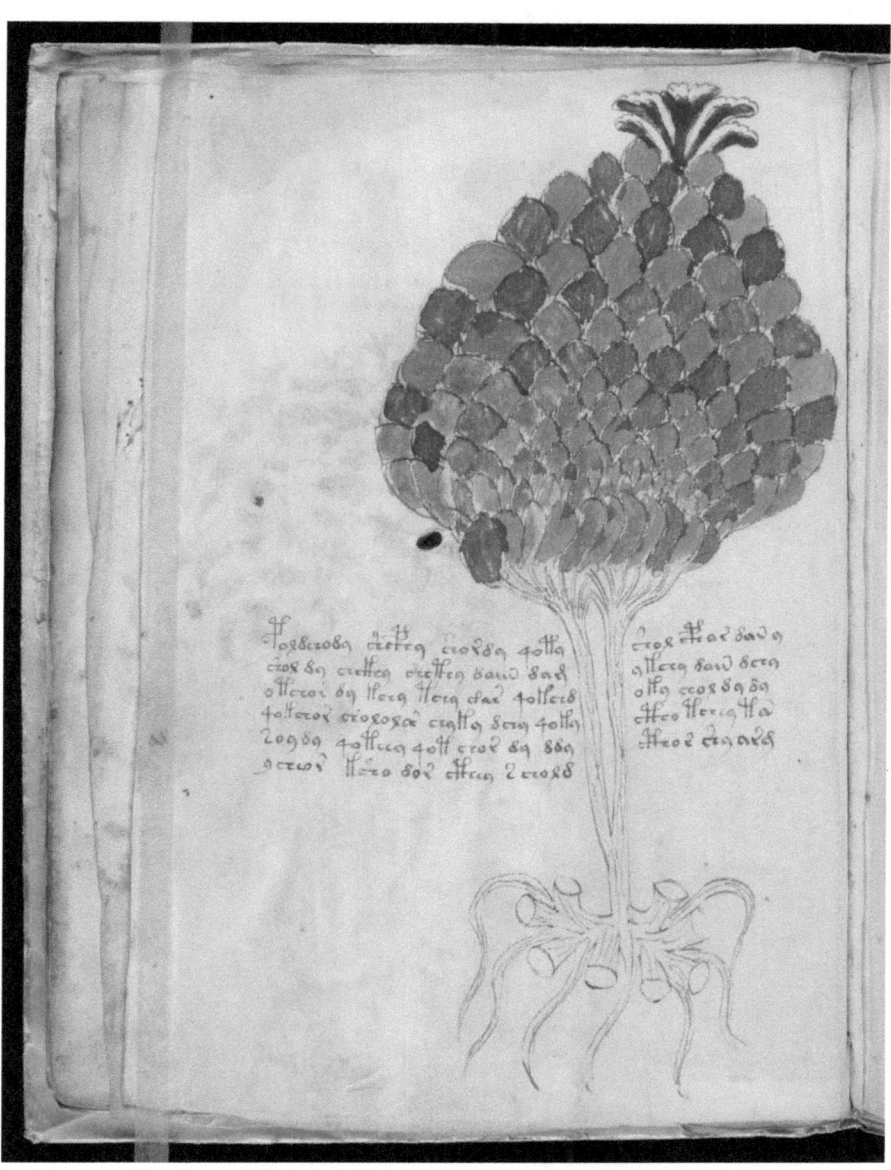

57

13 BLÜTEN

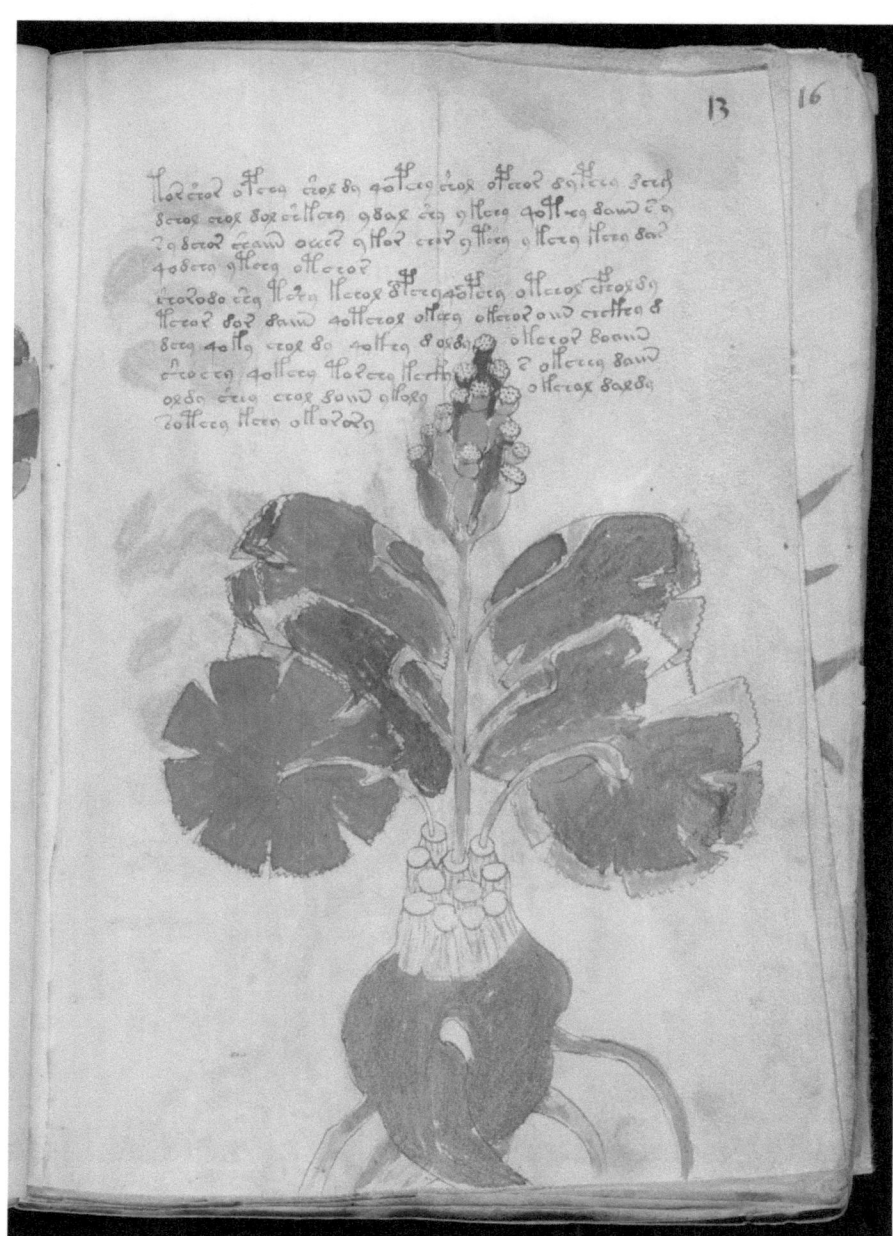

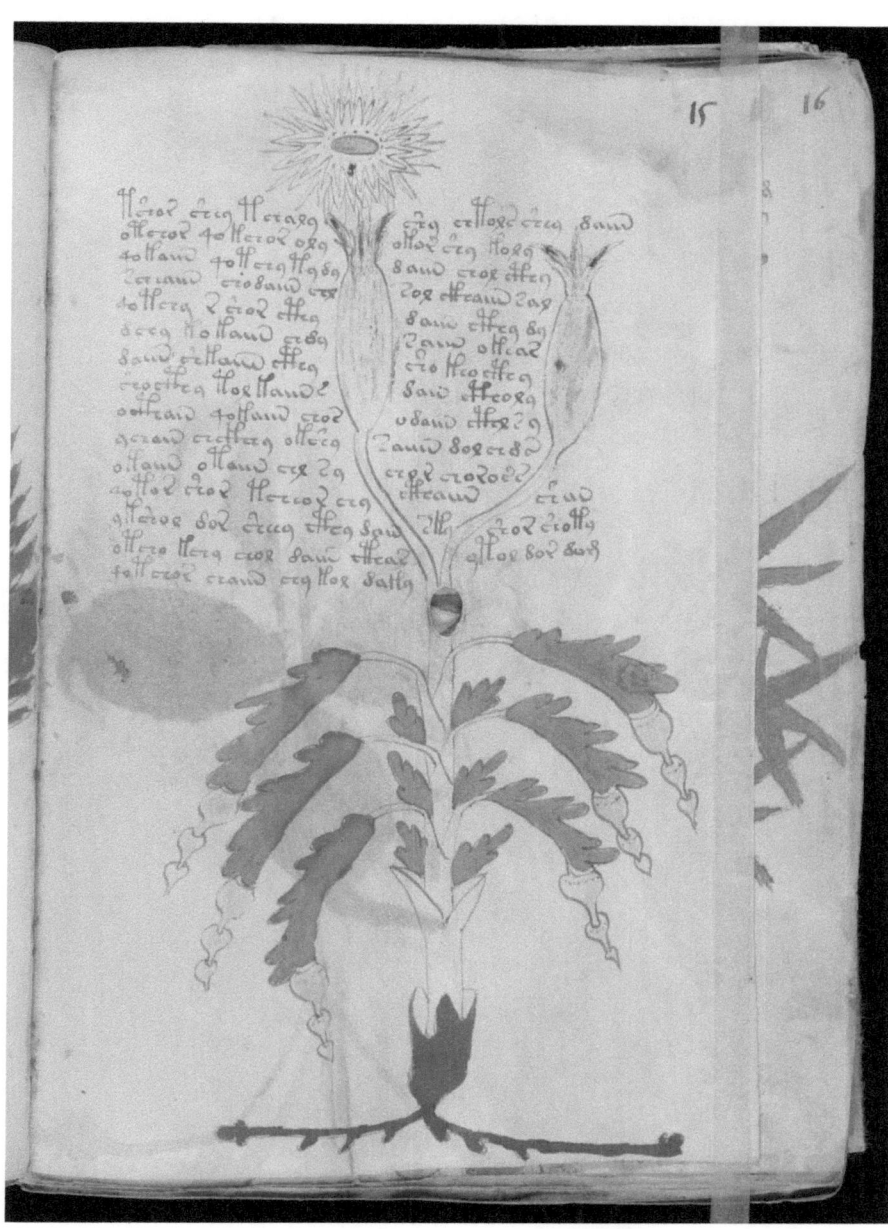

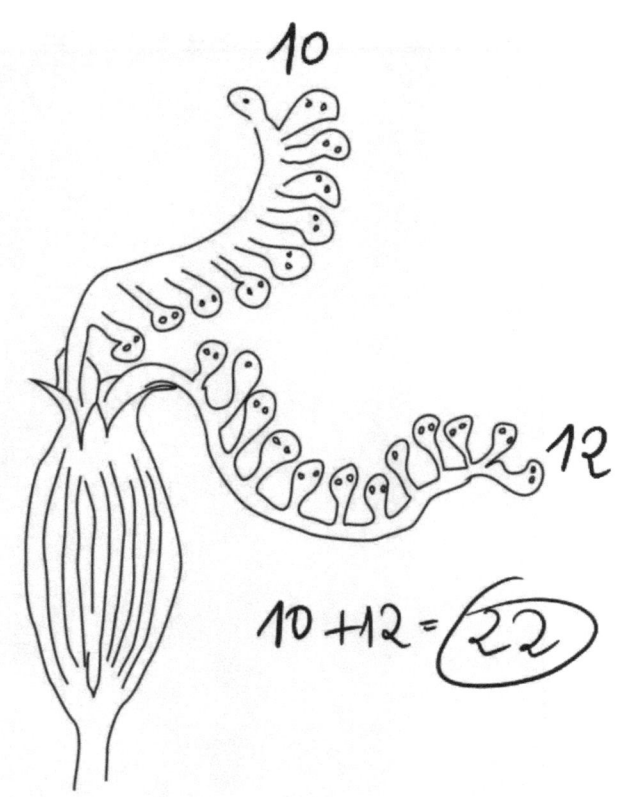

10

12

10 + 12 = 22

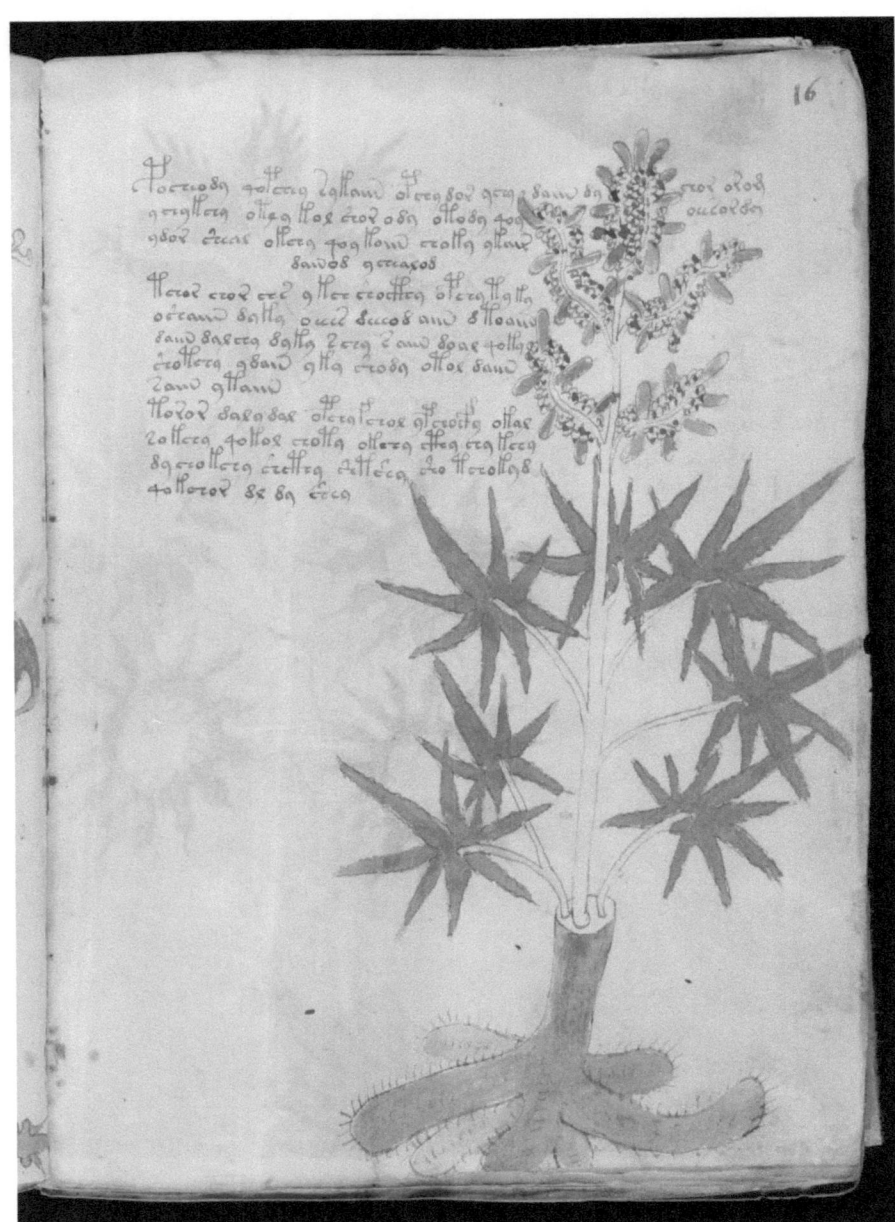

4 + 4 = 8

13

13

16

14

13 + 16 = 29

13 + 14 = 27

29

65

3 BLÜTEN

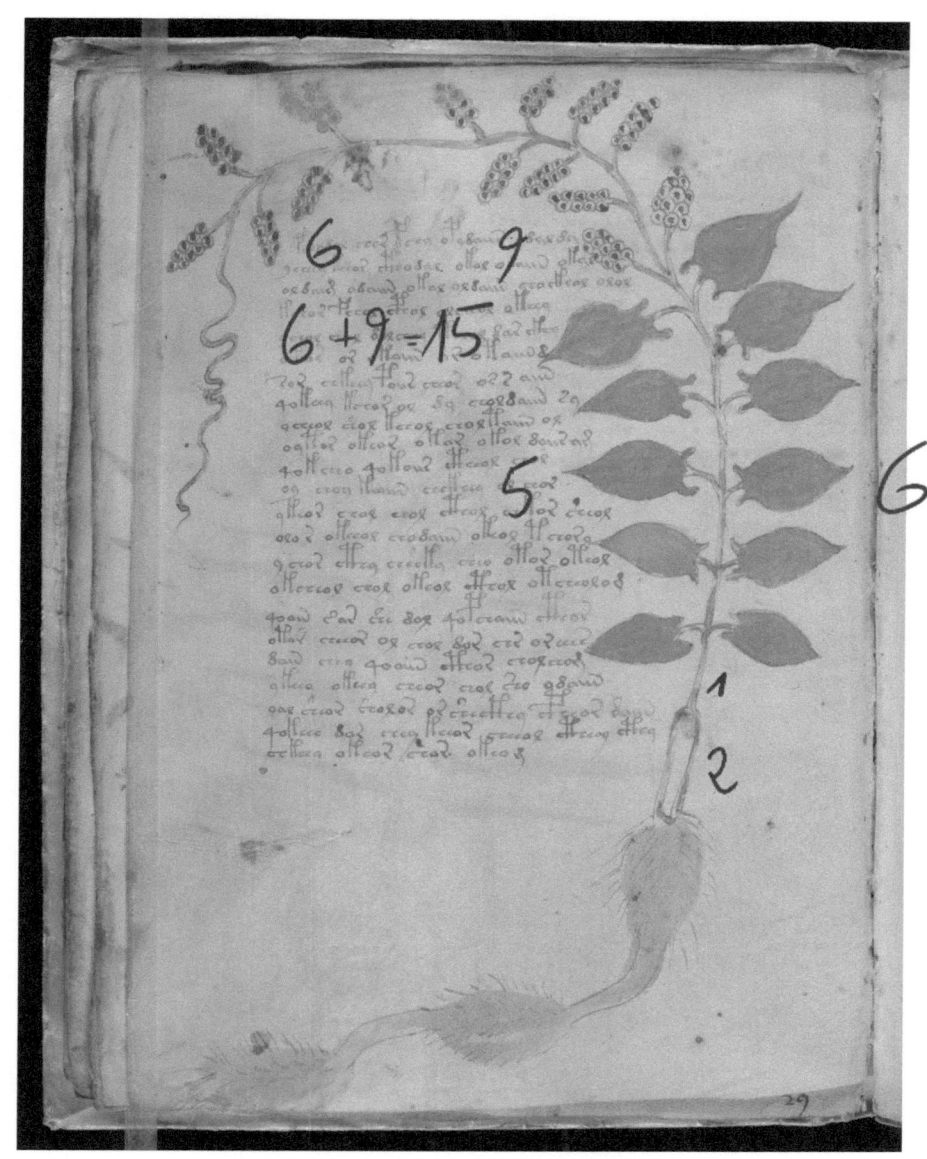

6 9

6 + 9 = 15

5

6

1

2

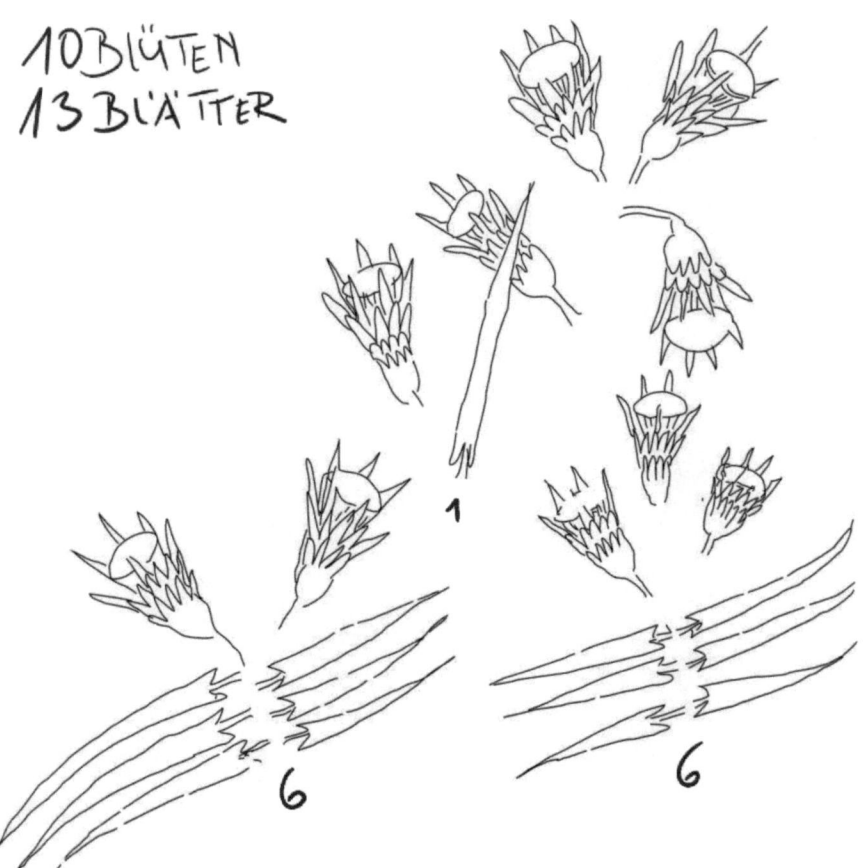

10 BLÜTEN
13 BLÄTTER

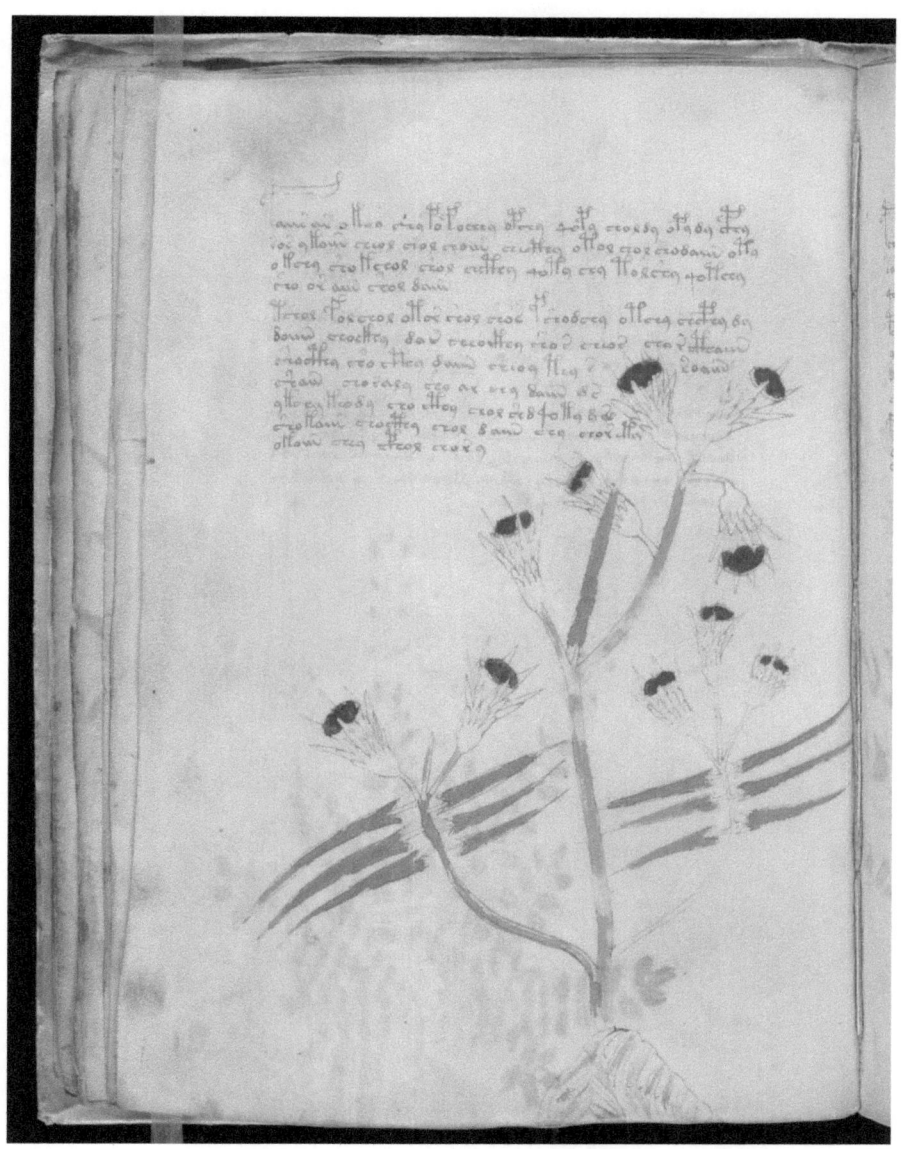

3×5 =15 →   →30←   ← 3×5 =15

2

13 + 14 27
WURZELFÄDEN

70

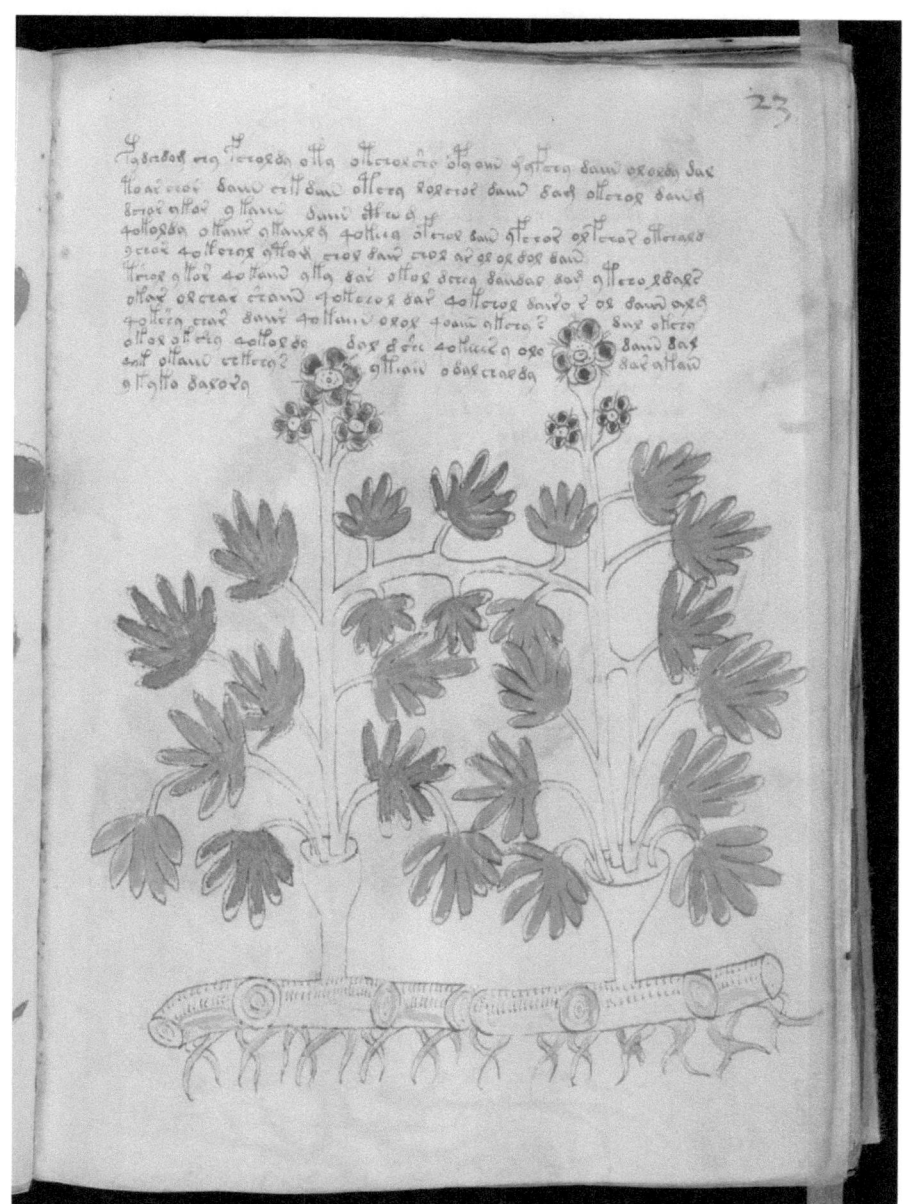

71

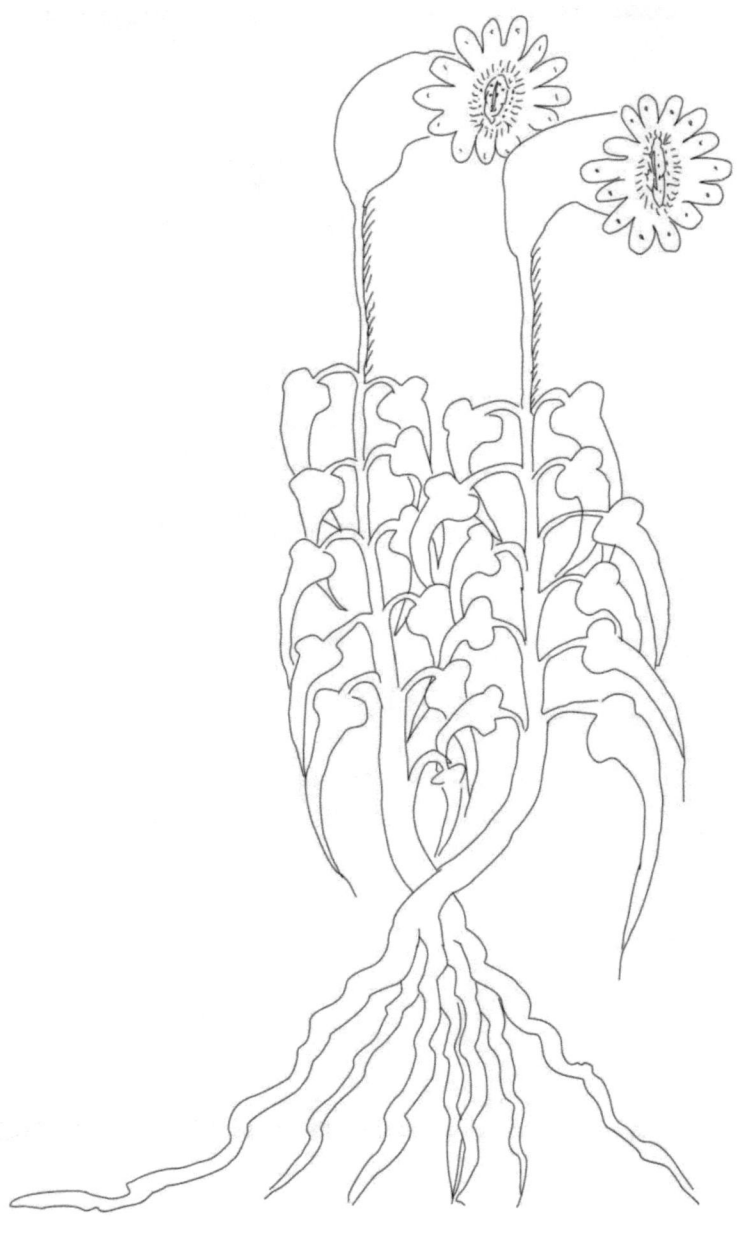

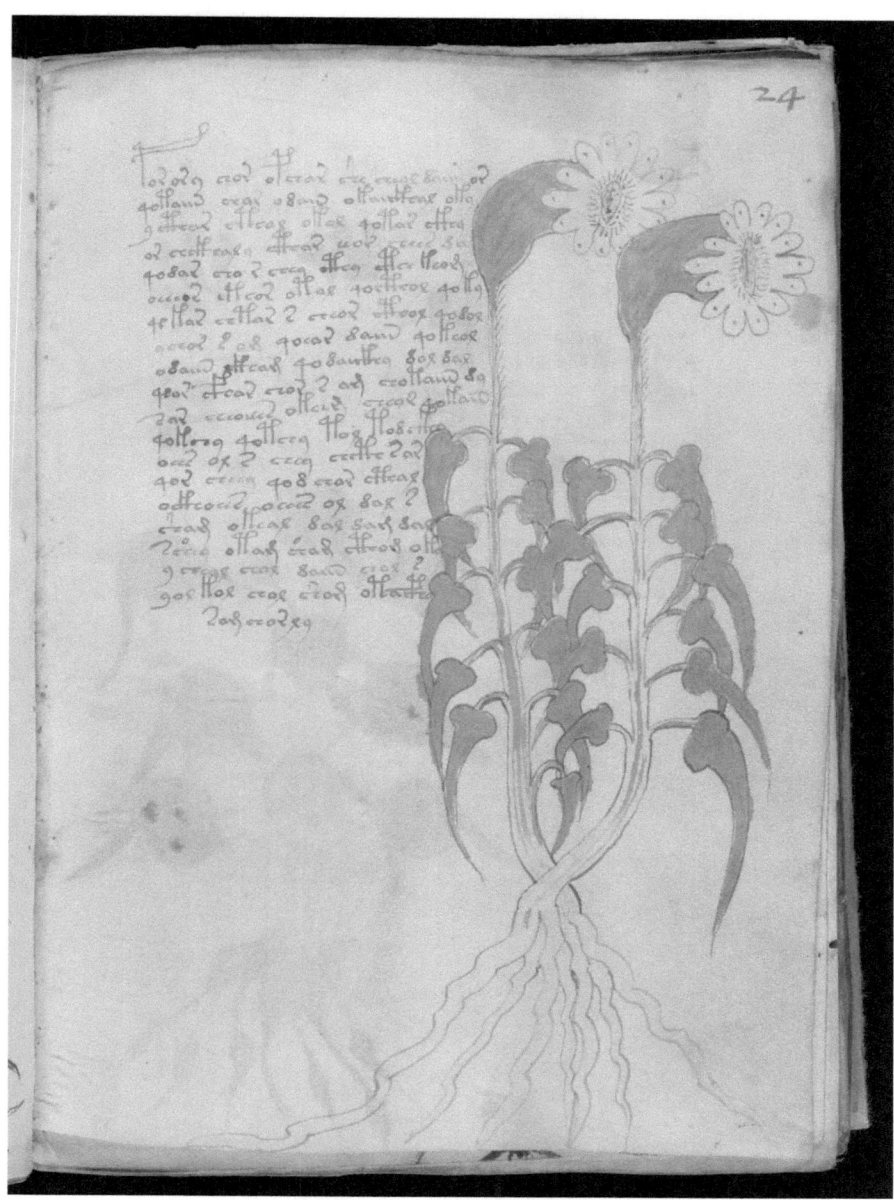

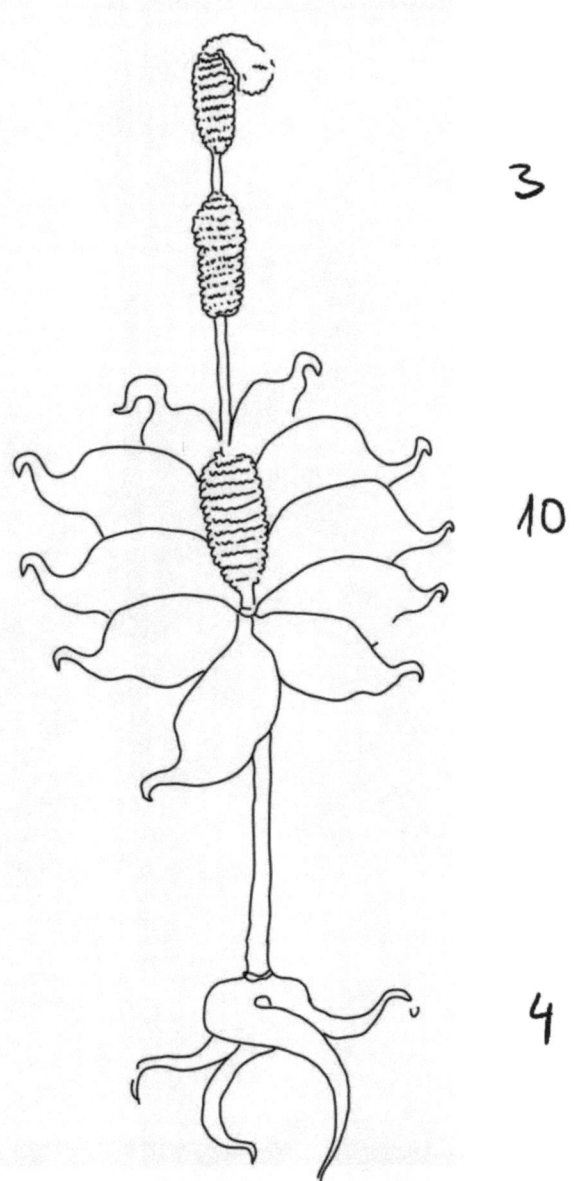

3

10

4

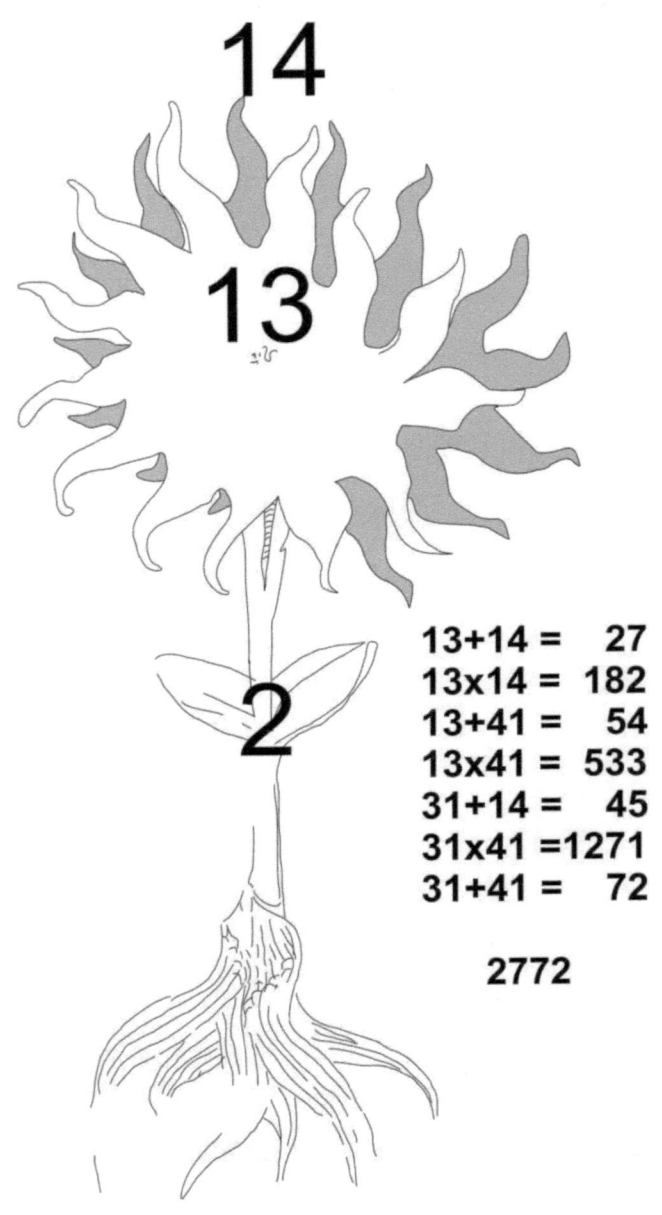

14

13

2

13+14 =   27
13x14 = 182
13+41 =   54
13x41 = 533
31+14 =   45
31x41 =1271
31+41 =   72

2772

Die Zahl <13>

Die <13> stellt die Verbindung von <12> zur <14> dar. Bezogen auf die <12> stellt sie ein Überschreiten in Hinblick auf die doppelte Vollkommenheit (<14>) dar. Die <13> besteht aus den Ziffern <1> und <3>. Beides sind Zahlen, die Gott bzw. die Dreieinheit darstellen. Wir finden deshalb die <13> auch in den Namen Gottes:

10_5_6_5   (H: Jahwe)   mit Totalwert <26> = 2 * **13**
1_4_50_10   (H:Adonai (Herr))   mit Totalwert <65> = 5 * **13**

Bezüglich der <14> fehlt aber noch etwas.

Die <13> zeigt uns noch eine Besonderheit, die man auf alle Primzahlzwillinge verallgemeinern kann. Das Jahr hat nicht exakt <12> Monate. Man muss von Zeit zu Zeit etwas korrigieren. Im hebräischen Kalender schob man einen <13>. Monat ein. Dadurch dass die <12> durch zwei Zahlen flankiert ist, kann man „Ungenauigkeiten" ausdrücken. Wir finden das auch bei dem Primzahlzwilling mit der Zentralzahl <30>. Die Tage des Monats sind nicht immer exakt <30>, sondern sie schwanken um diesen Wert. Diese Schwankungen spiegeln sich in den flankierenden Primzahlen <29> und <31>.

Die Zahl <13> als Zahl der Verbindung von <12> und <14> ist auch die Zahl der Liebe (siehe Wörter, Kapitel Liebe).

Nach den zusammengehörigen Zahlen <11> bis <14> kommen wir zur Zahl in der Mitte der Zehner.

https://www.zeitundzahl.de/Download/Zahlen/Bedeutung_der_Zahlen.pdf

80

Die Zahl <14>

So wie <12> die Zahl der Regierung Gottes in der Welt ist, so ist <14> die Zahl der Vollkommenheit in der Welt (Schöpfung), da sie in der Verbindung der Zahl der Vollkommenheit (<7>) mit der Zahl der Schöpfung (<2>) besteht:

$$2 * 7 = <14>$$

Die Primzahldarstellung von <14> besteht in diesen <2> Primzahlfaktoren. Folglich gibt es <2> Faktorpaare (1 * 14 und 2 * 7).

<14> besteht aus den Ziffern <1> und <4>. Somit symbolisiert diese Zahl die Struktur „1 zu 4", die im Text Zahlenstrukturen vorgestellt wird.

Beispiele für die Zahl <14>:

Die <14>. Generation seit Adam war Heber.

David hat im Hebräischen den Zahlenwert <14> (in Zahlencode 4_6_4). David war der König nach dem Herzens Gottes.

K. Breest [BREE] erwähnt, dass das Wort „Freude" im Brief an die {Philipper} <14> Mal vorkommt.

Wir kommen nun zu den beiden Primzahlen, die die <12> einrahmen.

https://www.zeitundzahl.de/Download/Zahlen/Bedeutung_der_Zahlen.pdf

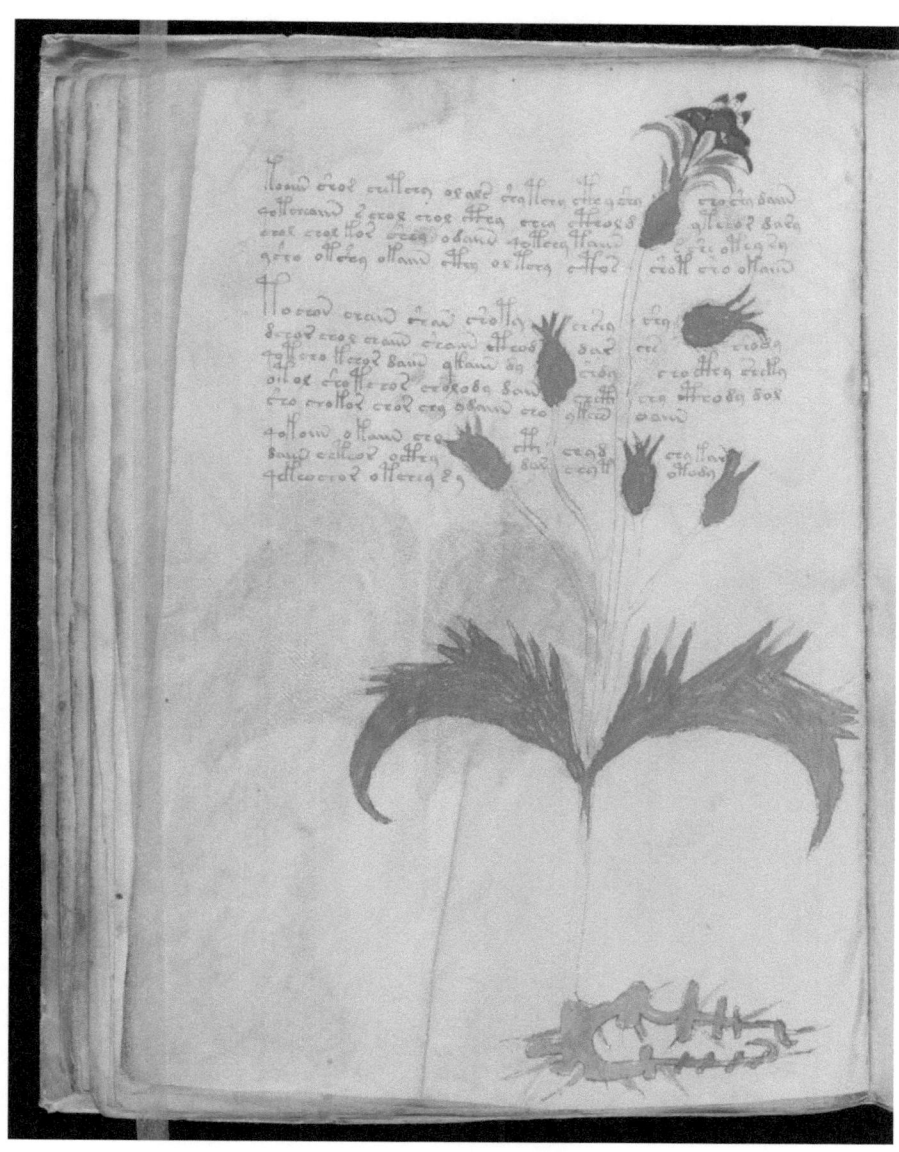

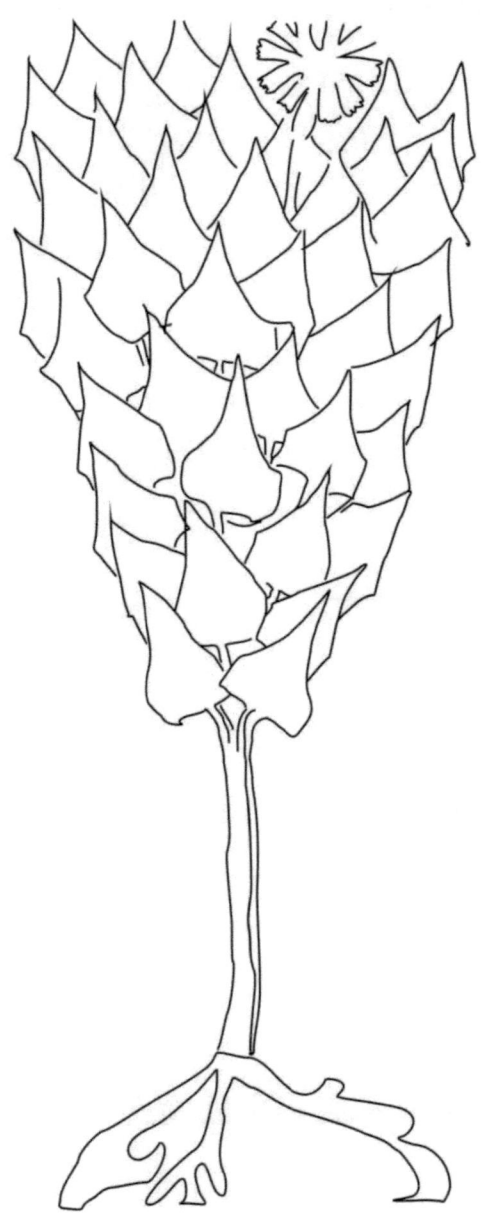

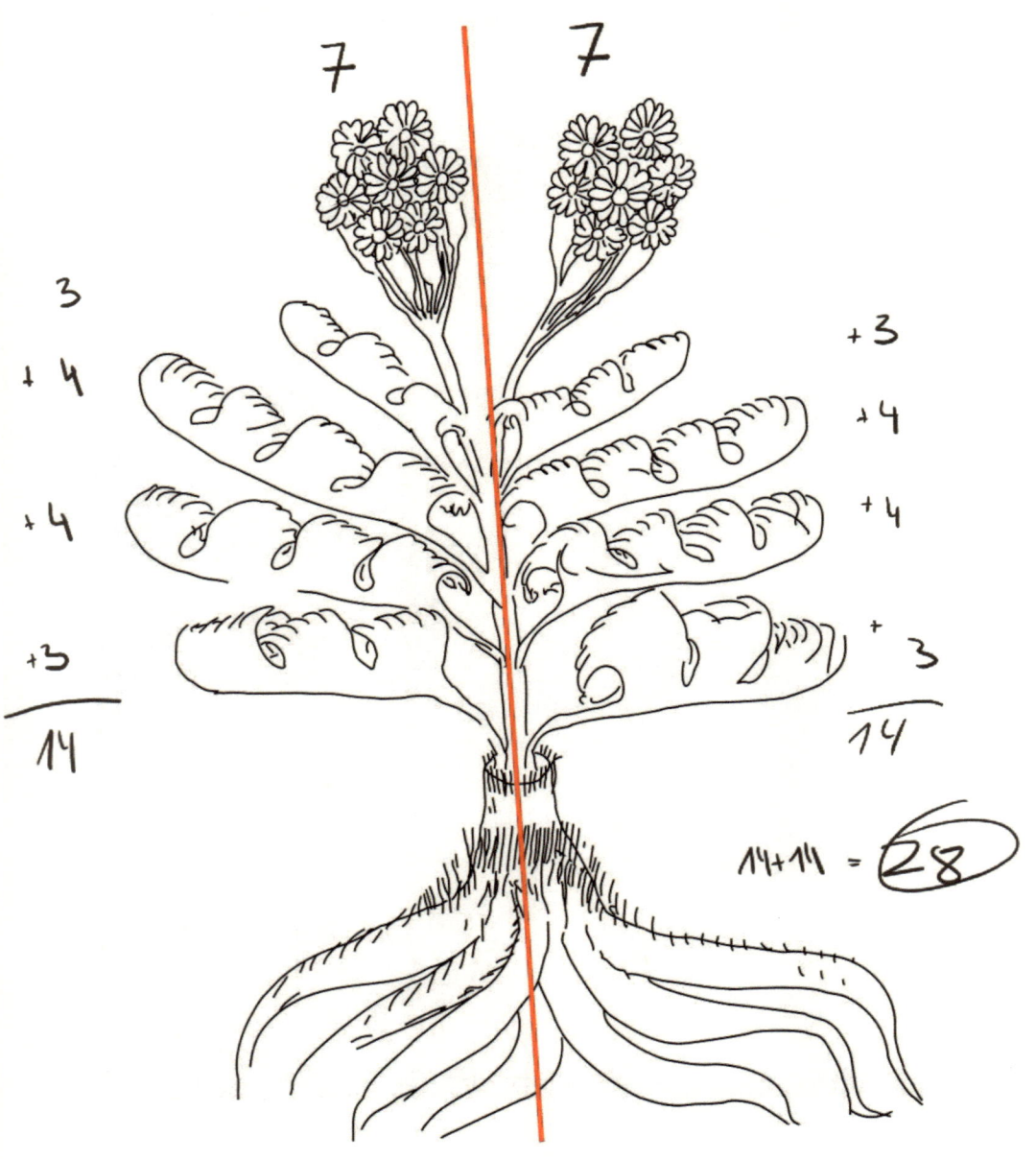

7   7

3   +3
+ 4   +4
+ 4   +4
+3   + 3
―   ―
14   14

14+14 = 28

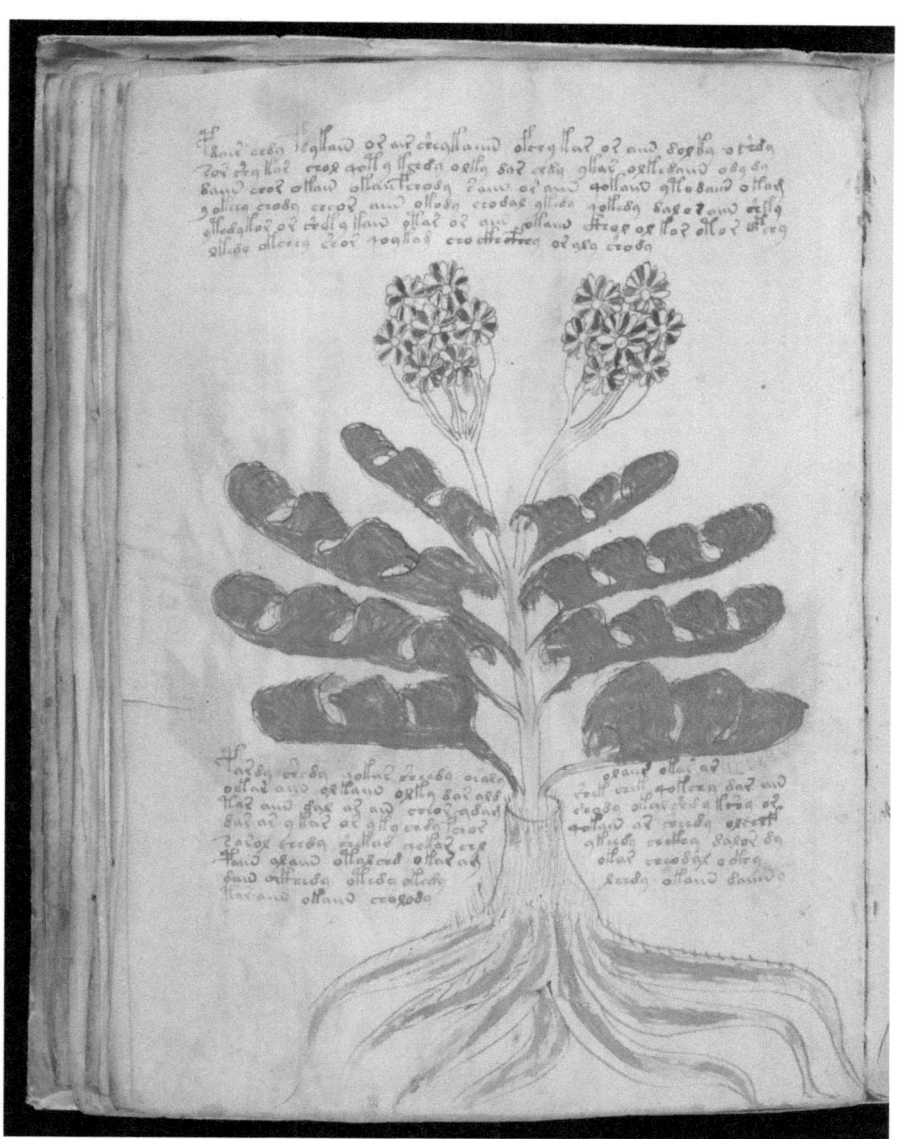

91

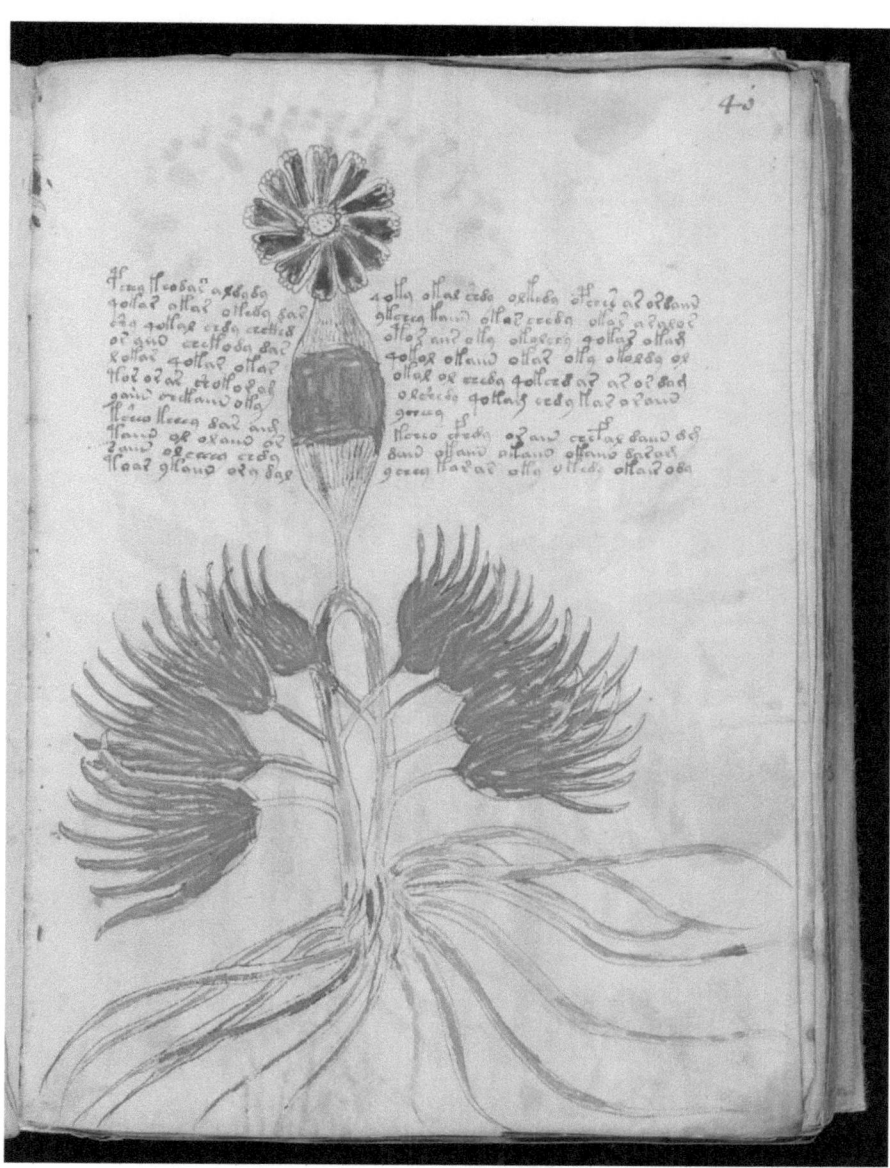

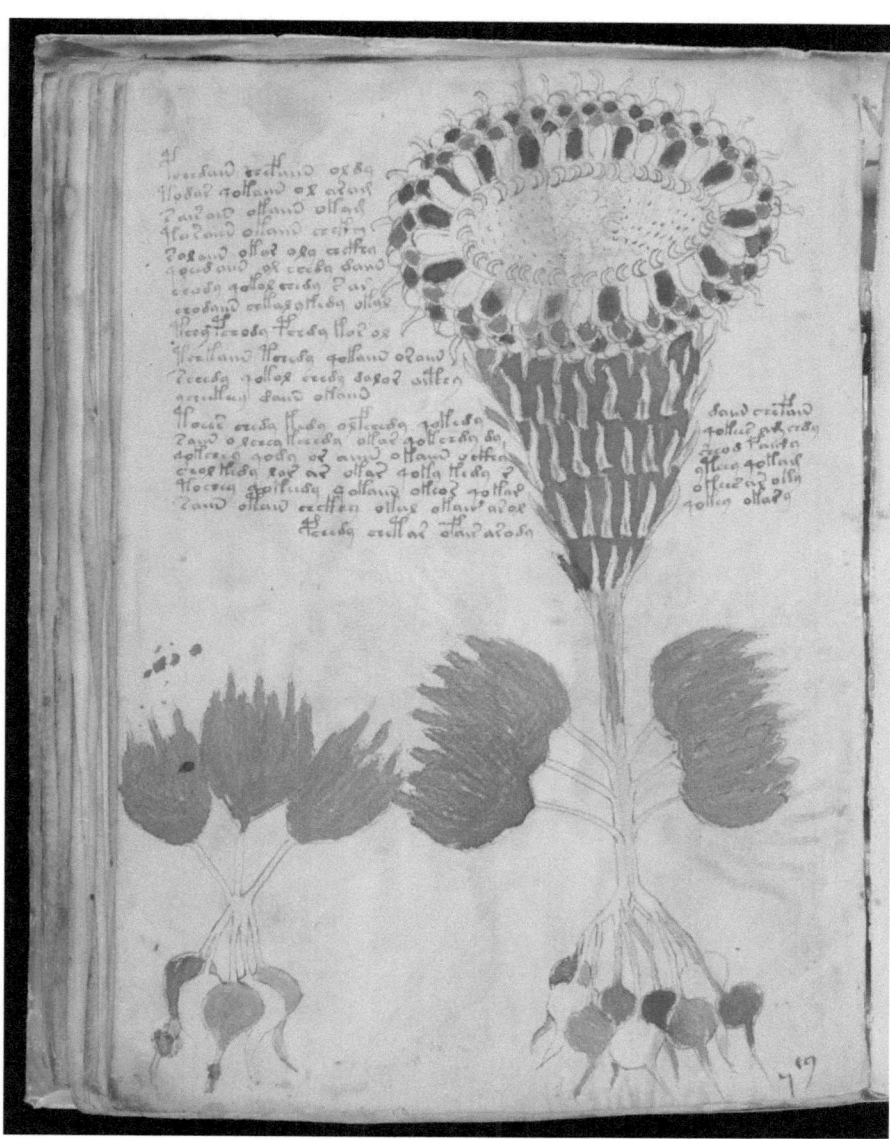

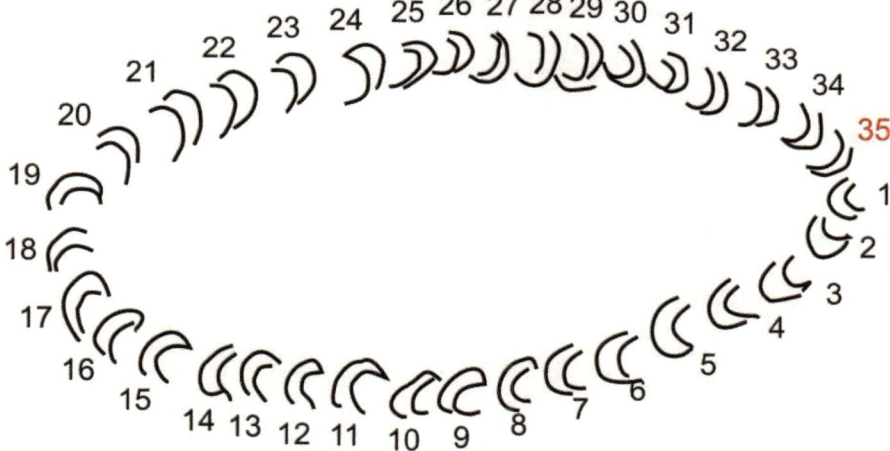

Die Zahl <35>

symbolisiert die Zeit nach der Auferstehung bis zur Himmelfahrt. Dies wird deutlich in der Beziehung dieser Zahl mit den ersten Versen <3> des zweiten Kapitels der Bibel. In {1. Mose 2.1-3} wird die Ruhe Gottes nach dem Sechstagewerk beschrieben. Diese Ruhe Gottes am <7>. Tag wird im hebräischen Text mit **<35>** Wörtern formuliert. Dem vollendeten Sechstagewerk entspricht das vollbrachte Werk am Kreuz {Johannes 19.39} durch den Sohn des Menschen, symbolisiert in der Zahl <5>. Die Zahl verbindet <5> und <7>.

Die Primzahldarstellung von <35> ist 5 * 7.

Es gibt <2> Faktorpaare (1 * 35 und 5 * 7).

Der Name „David", der eng mit Christus in der Bibel verbunden ist, ist durch AT und NT mit der Zahl <35> verknüpft. Im AT hat David den Totalwert 14 (Zahlencode 4_6_4) und im NT (nach dem Textus Receptus) den Totalwert 21 (Zahlencode 4_1_2_10_4). Die Summe aus dem alttestamentlichen und dem neutestamentlichen Namen ist somit <35>.

Aus der dreidimensionalen Zahlendarstellung (35, 11, 2) ergibt sich, dass <35> auf dem Zahlenstrahl <11> liegt. In dieser Zahl erkennt man zweimal die göttliche Zahl <1>. Sie steht einmal für den Schöpfer und zum anderen für den Vollbringer des Werkes am Kreuz. Die Zahl <11> gehört zum Primzahlzwillingstriplett <12>, dessen Bedeutung wir im nächsten Abschnitt im Zusammenhang mit der Zahl <36> diskutieren werden.

https://www.zeitundzahl.de/Download/Zahlen/Bedeutung_der_Zahlen.pdf

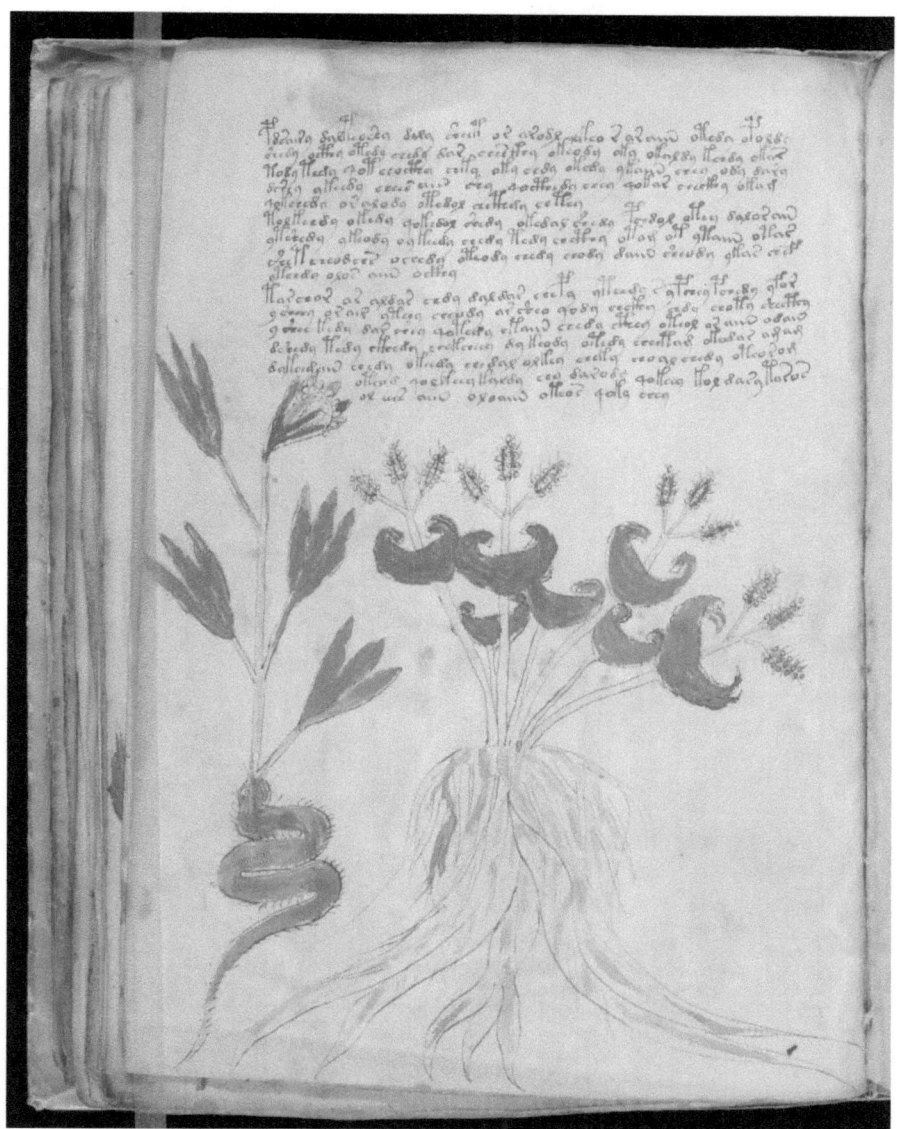

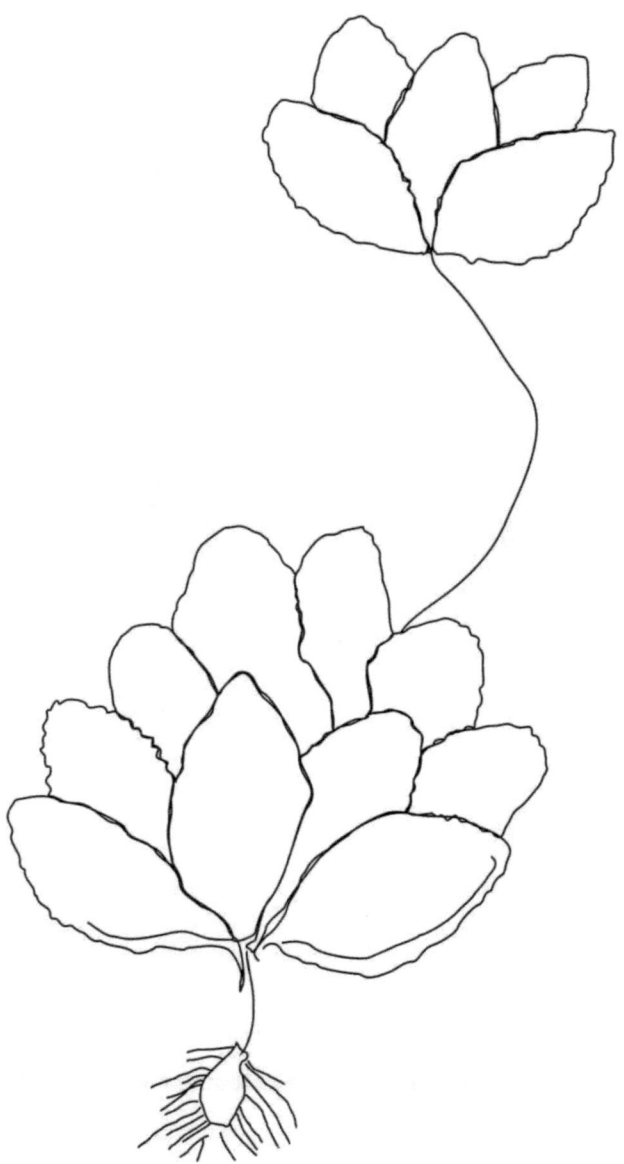

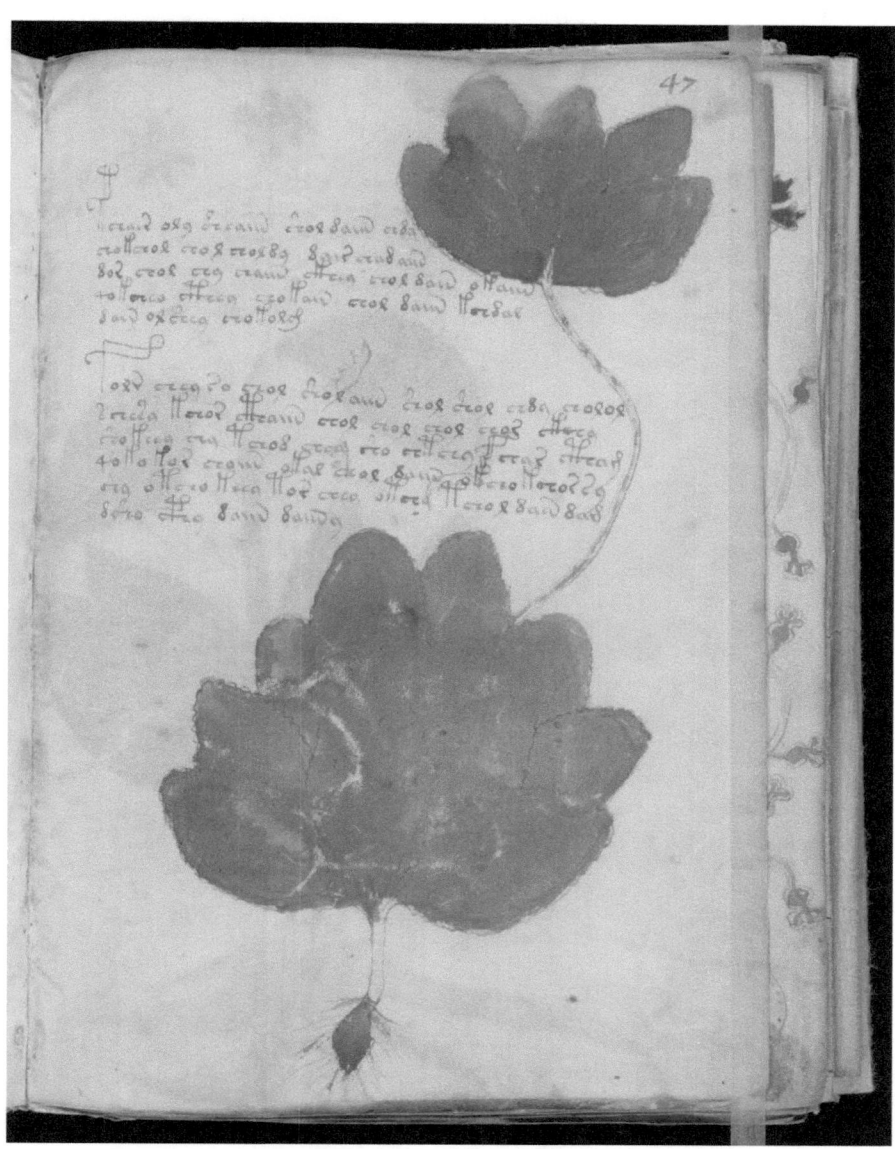

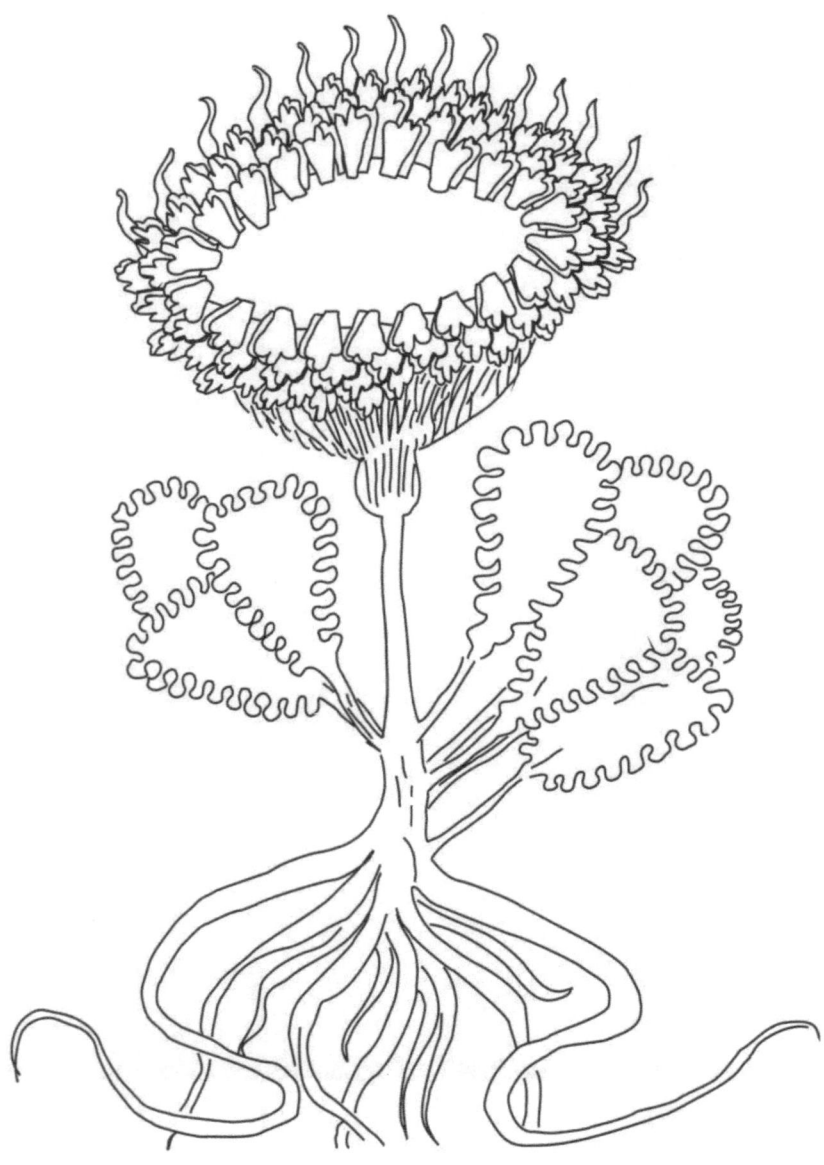

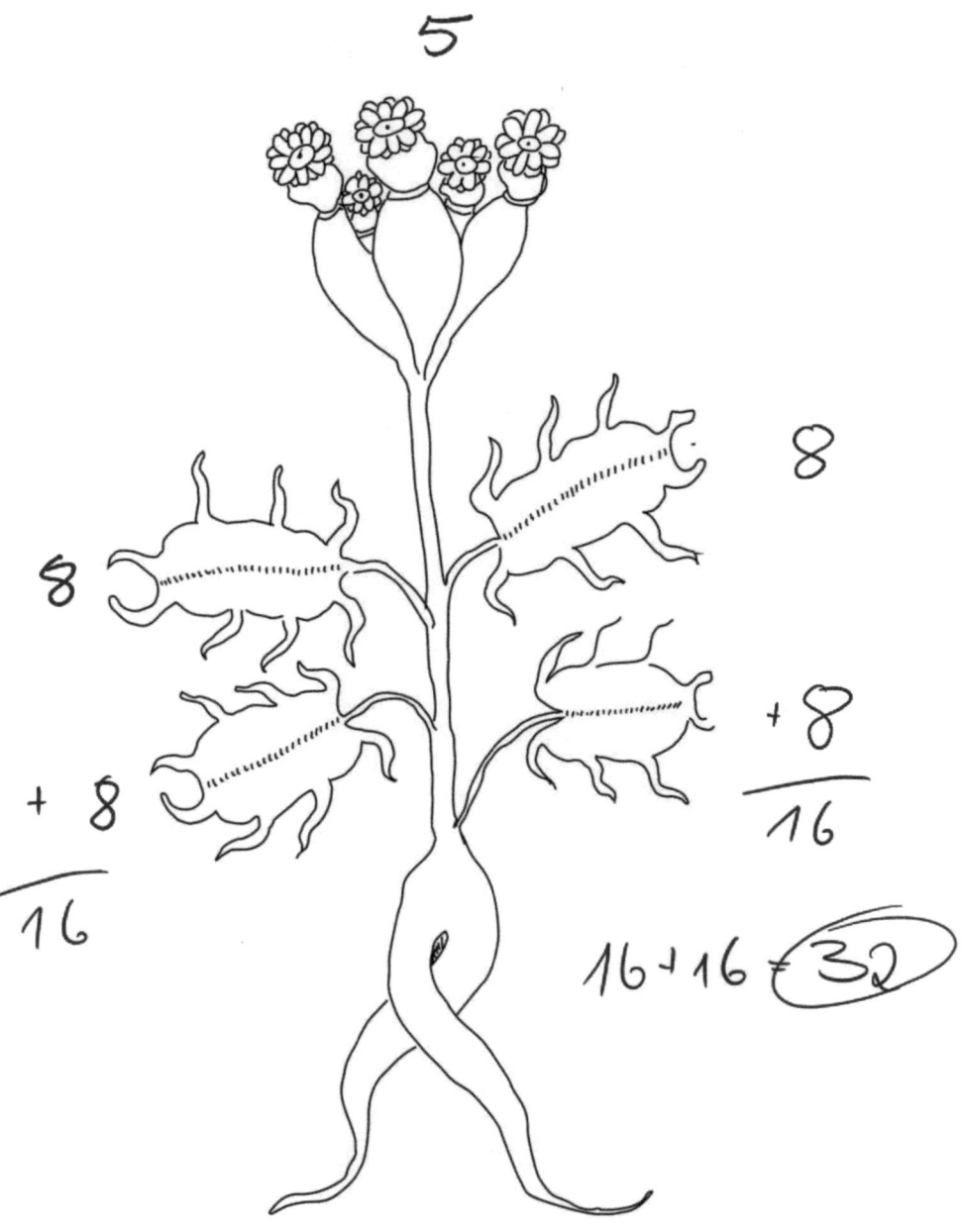

5$

8

8

$$\begin{array}{r} +\;8 \\ \hline 16 \end{array}$$

$$\begin{array}{r} +\;8 \\ \hline 16 \end{array}$$

$16 + 16 = \boxed{32}$

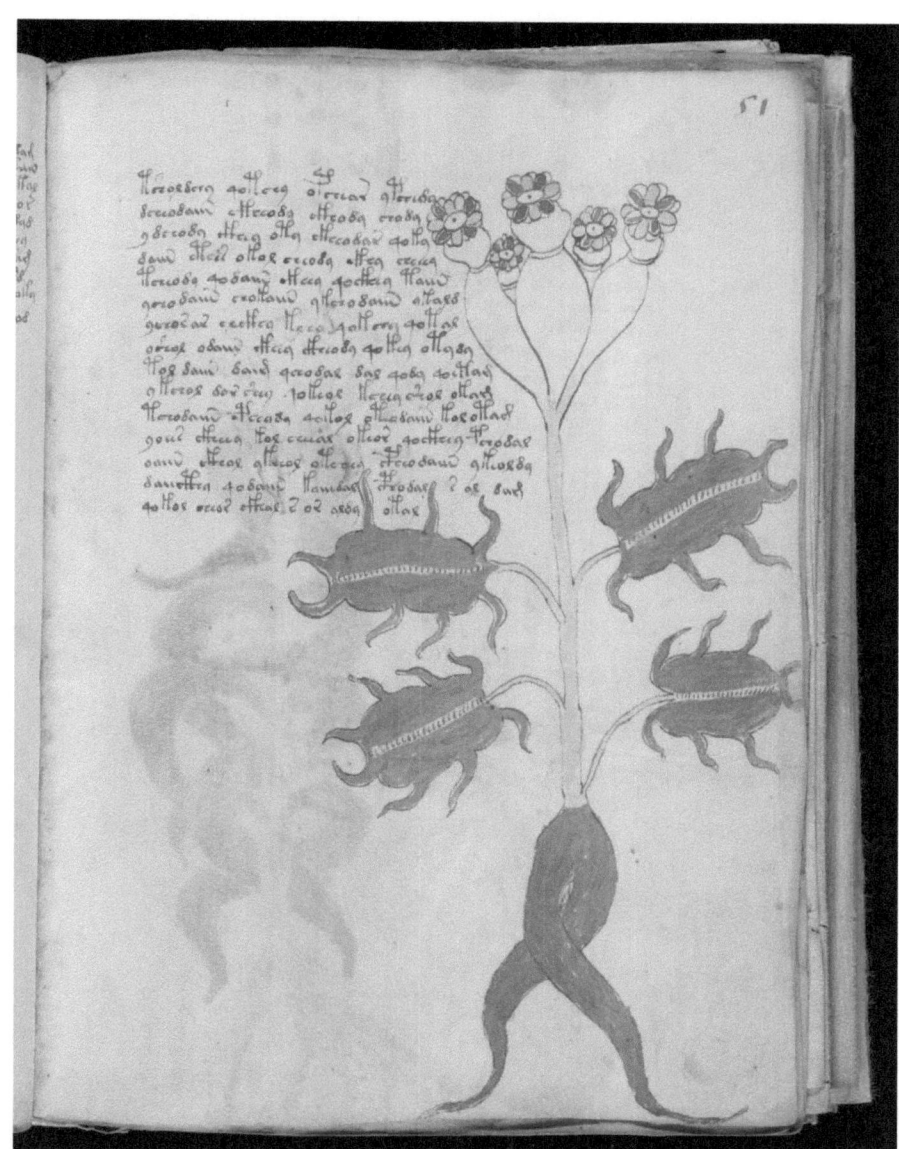

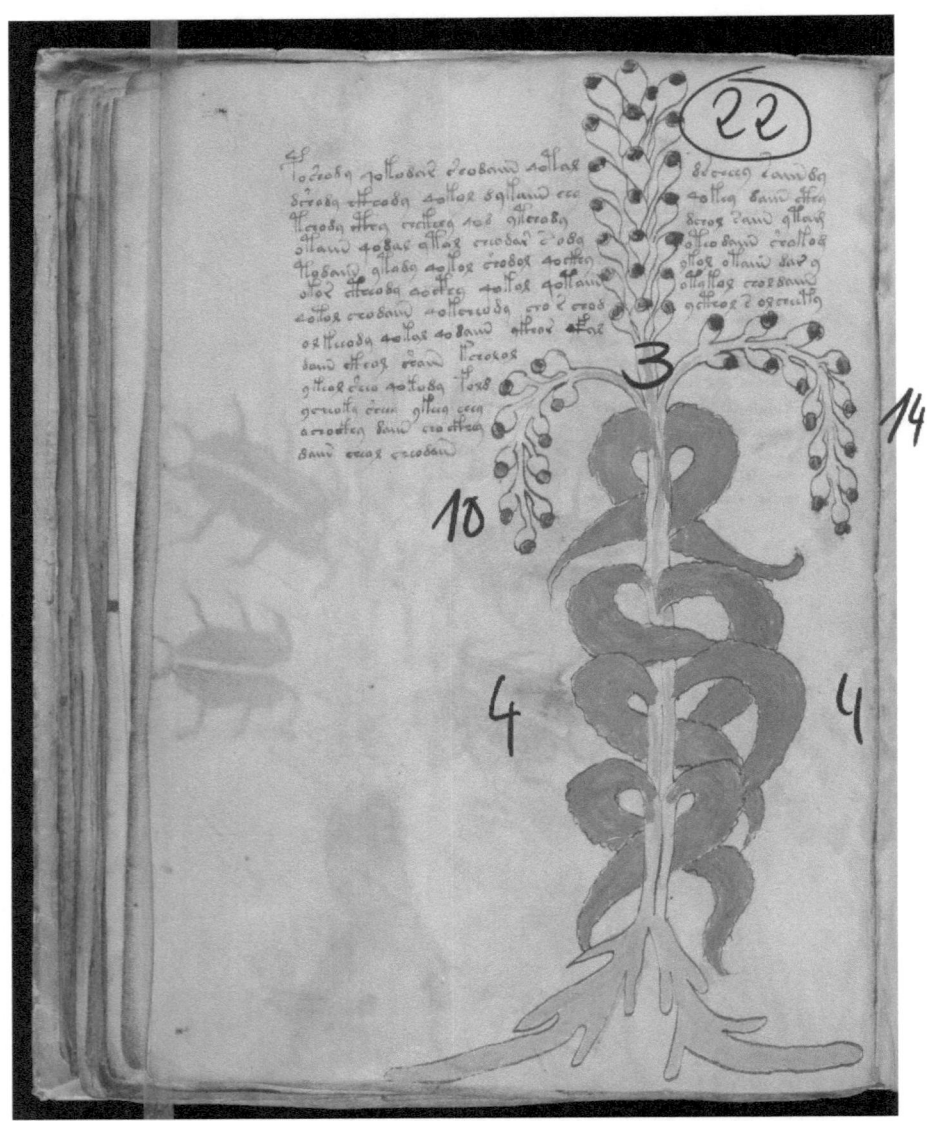

12 BlüTEN

18→

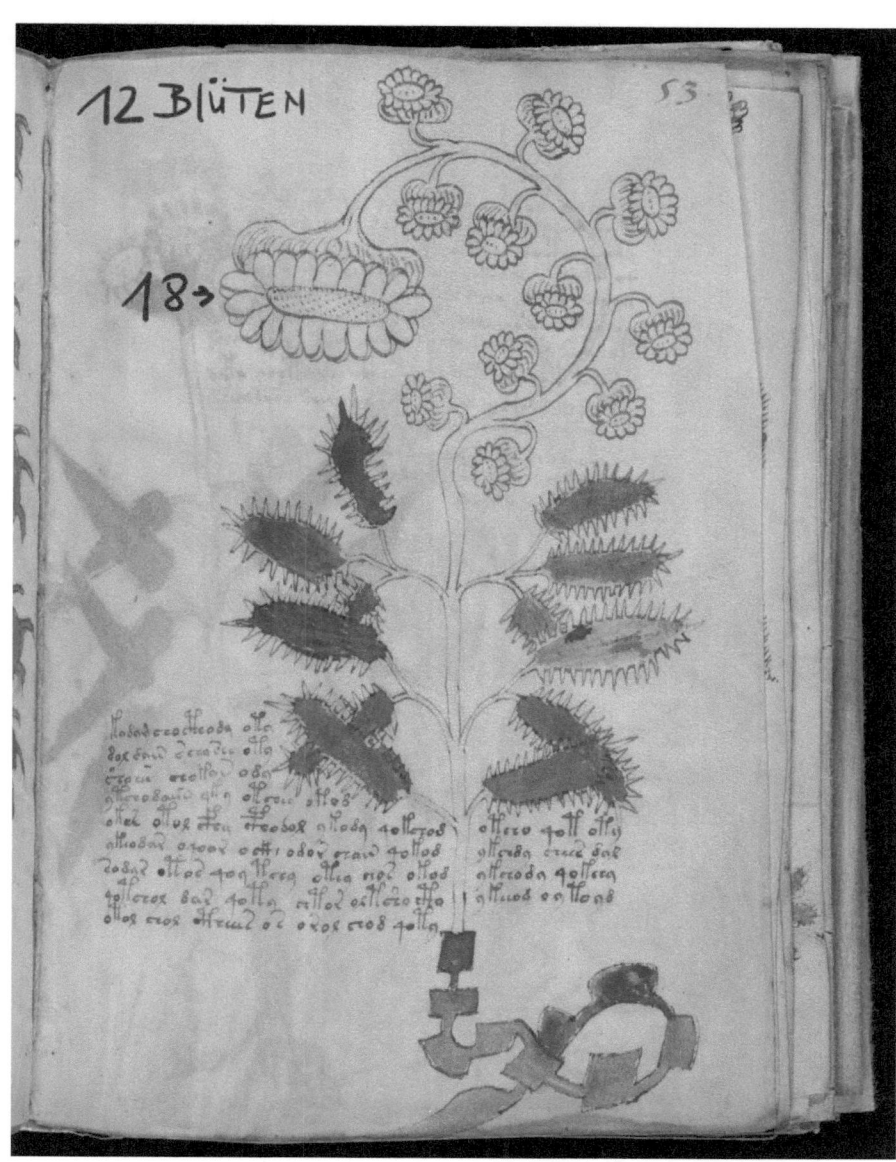

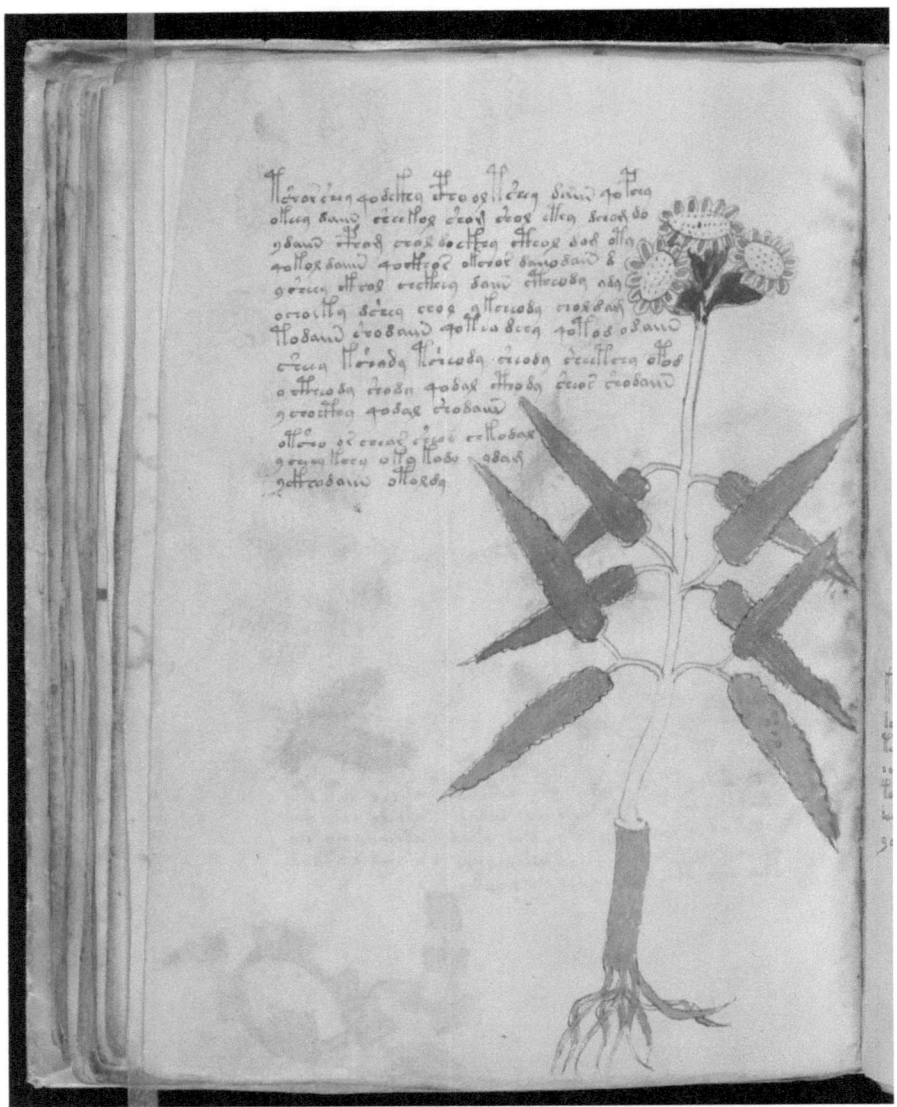

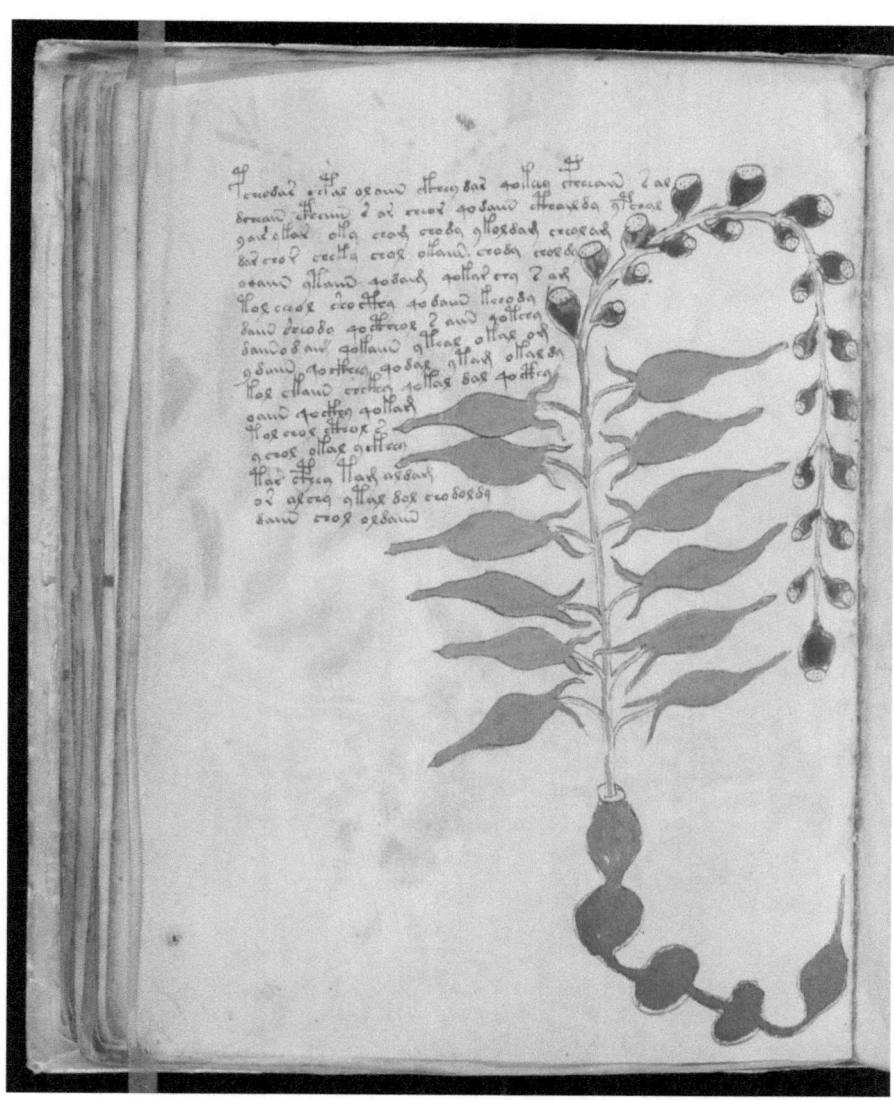

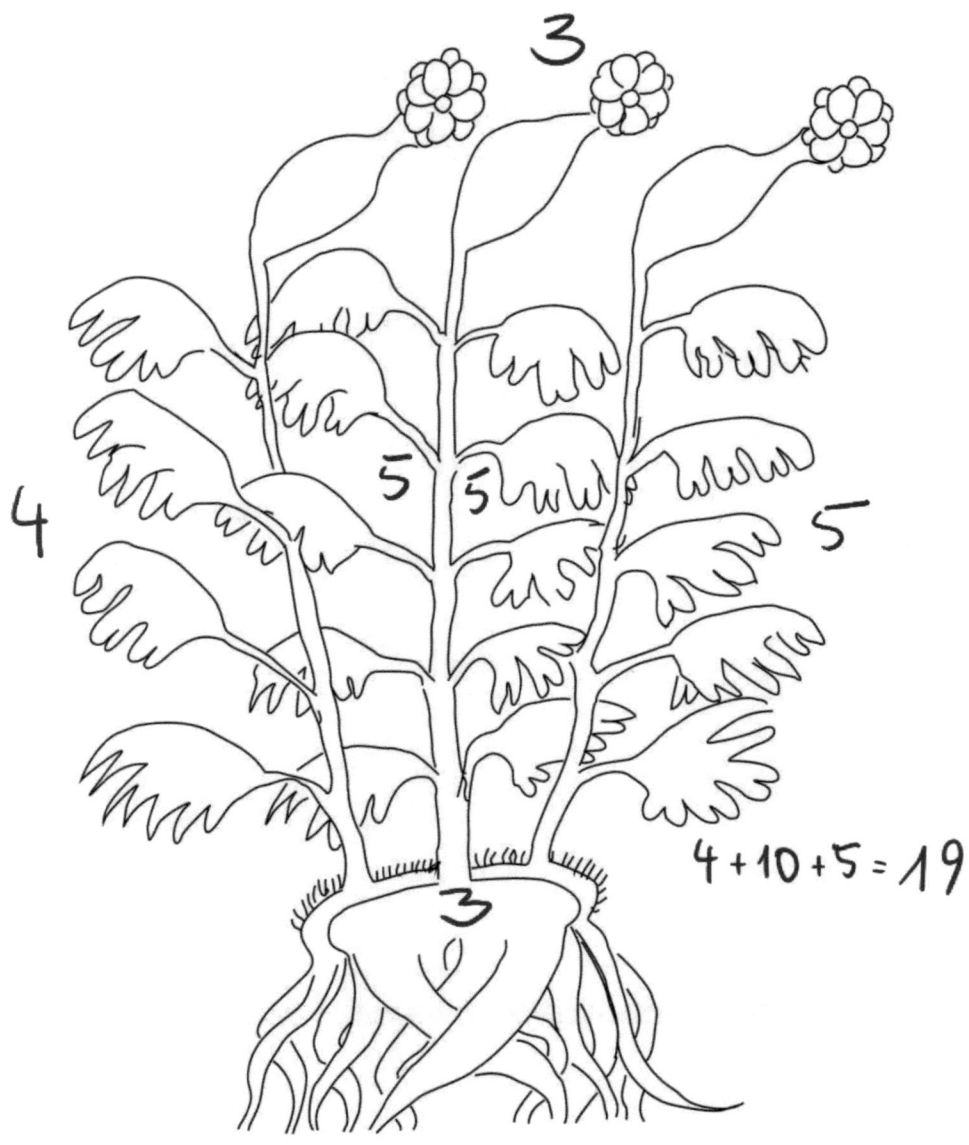

3

4

5 5

5

4 + 10 + 5 = 19

3

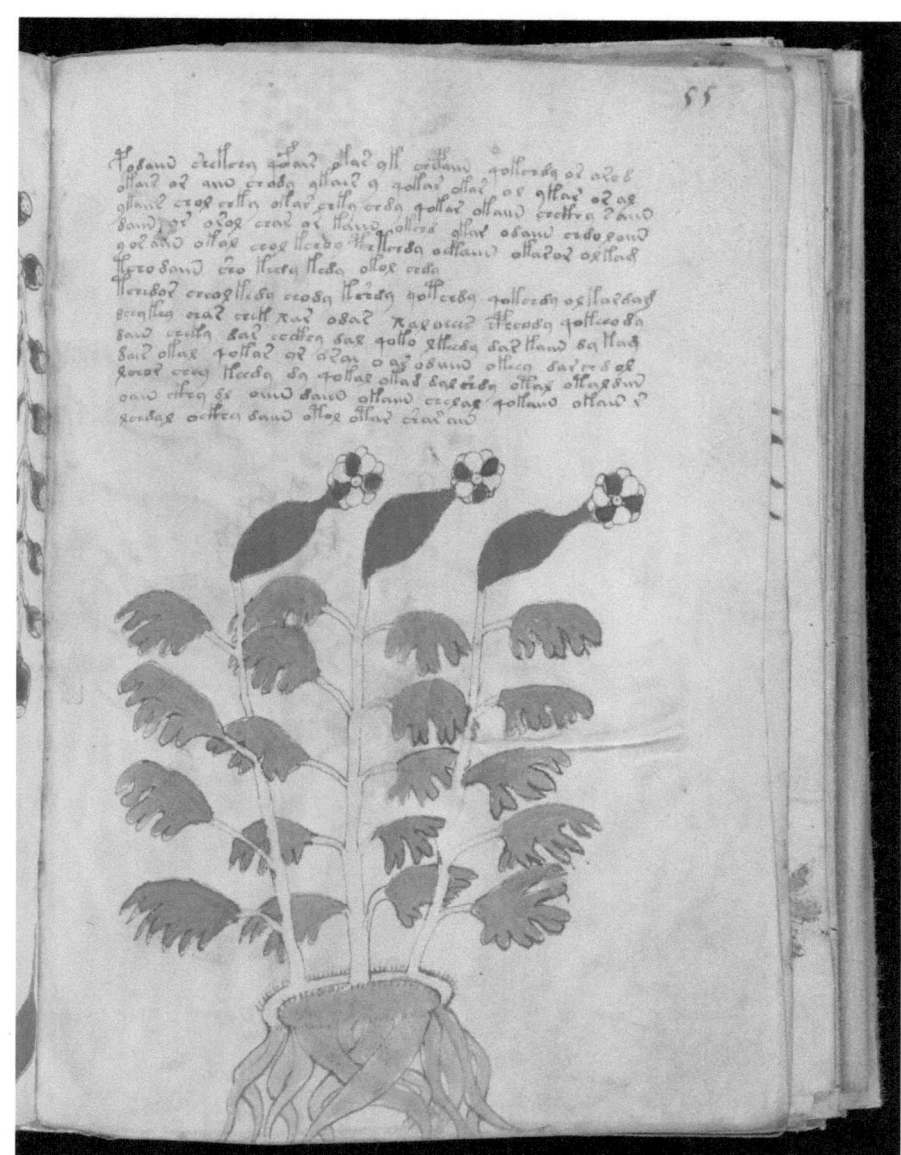

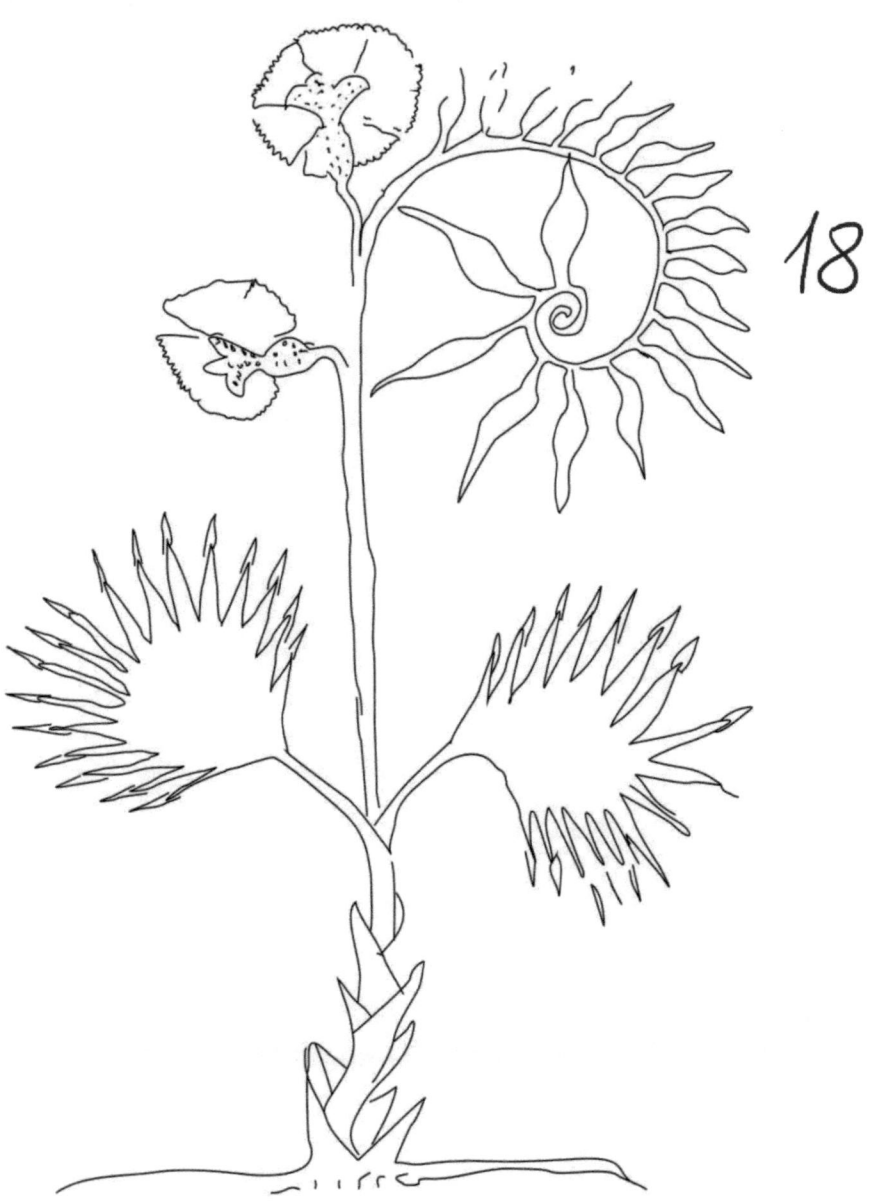

18

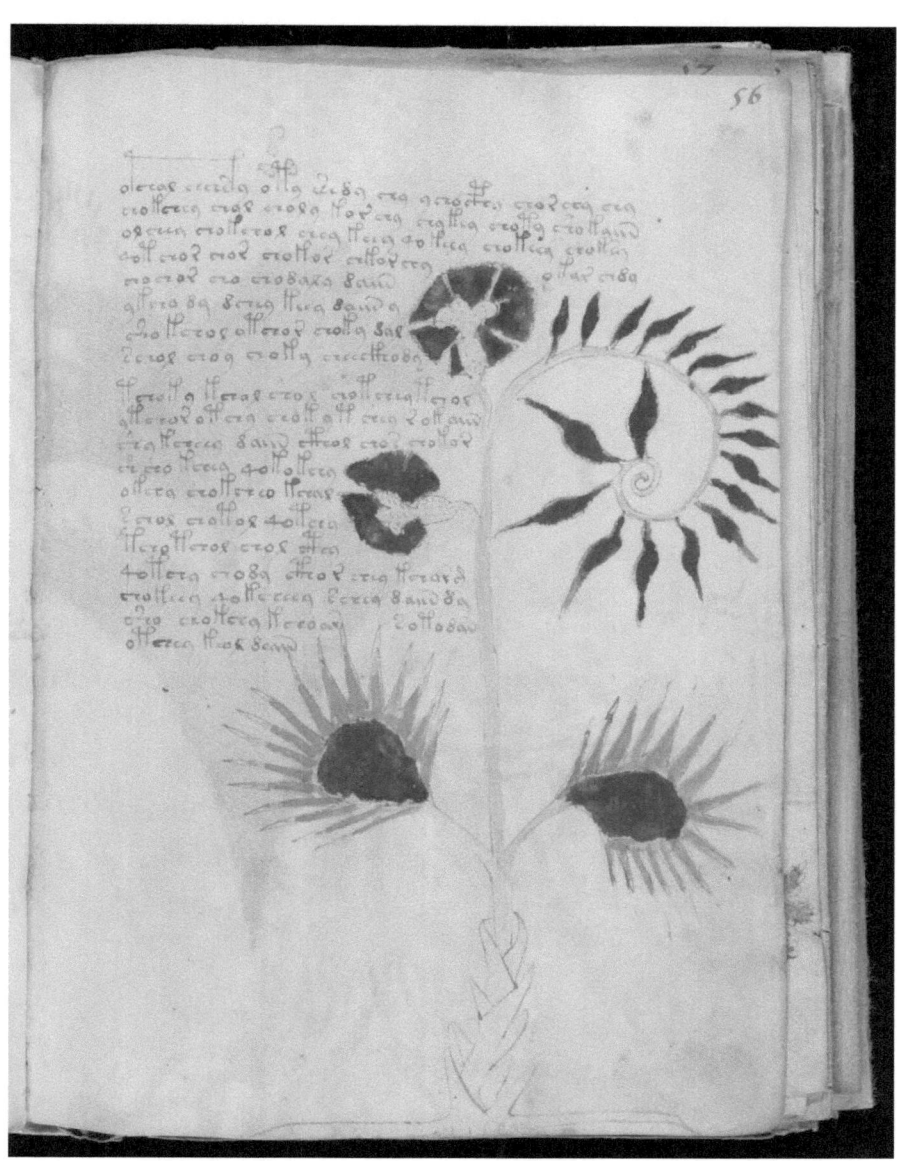

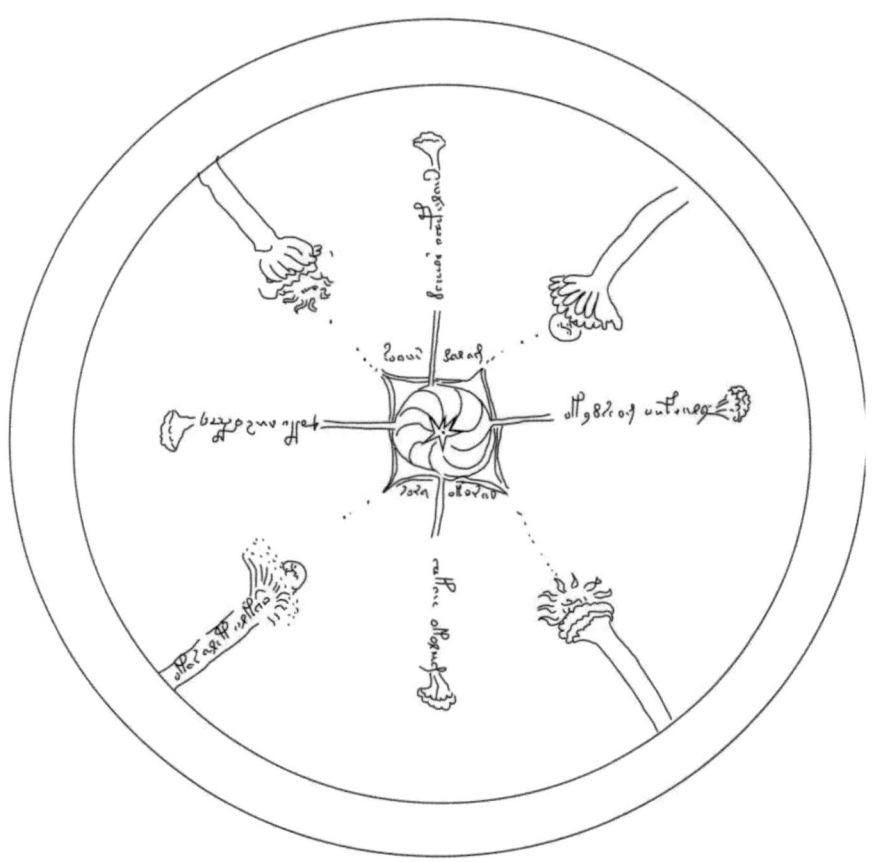

120

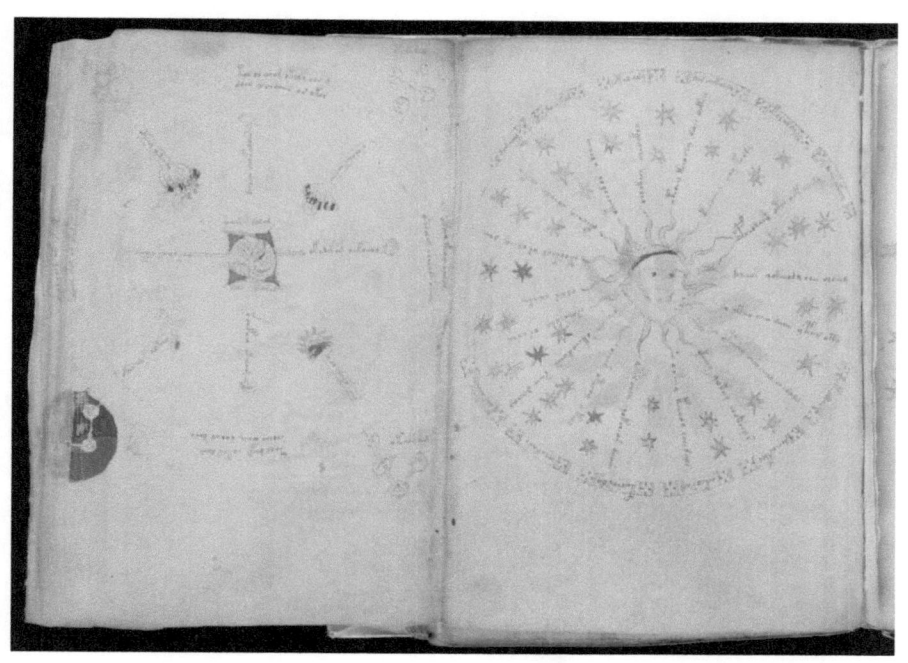

121

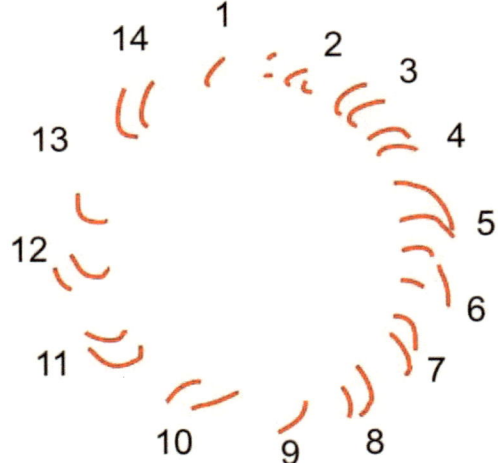

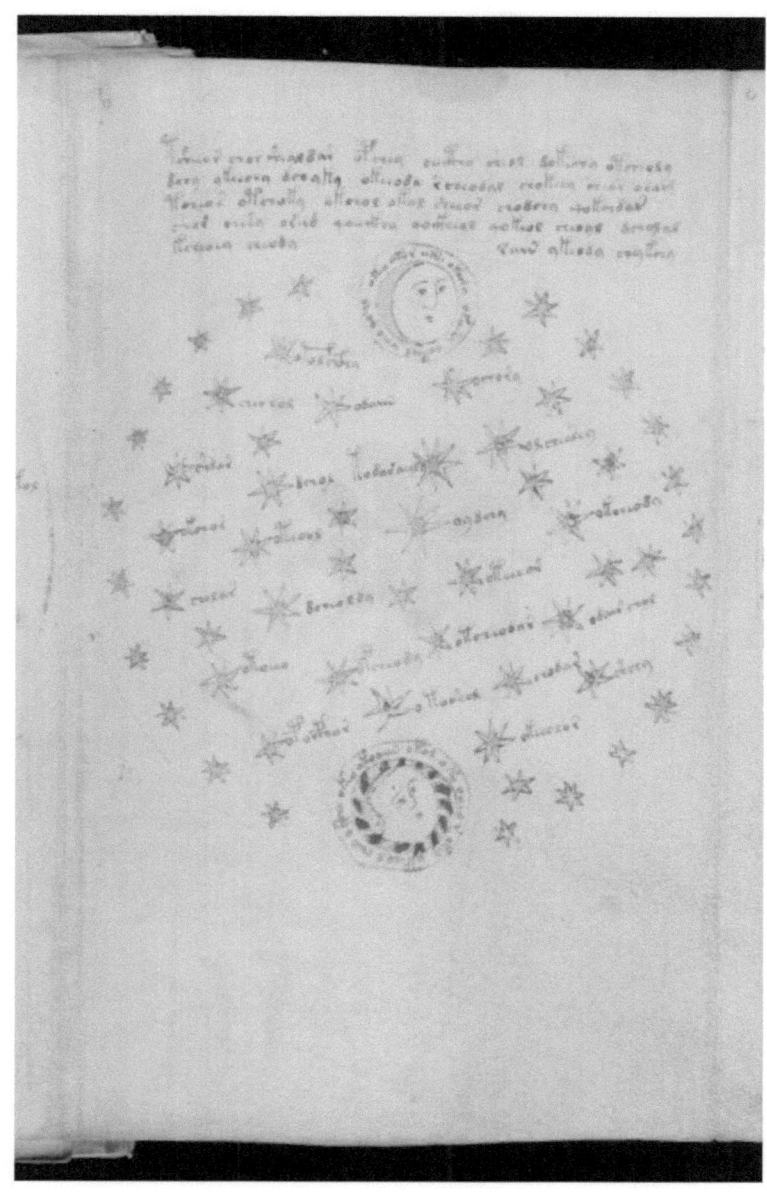

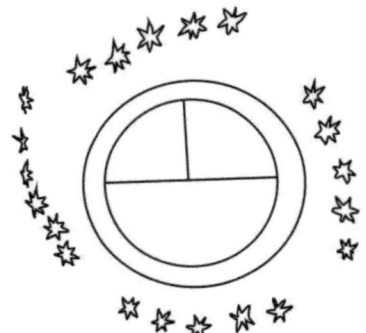

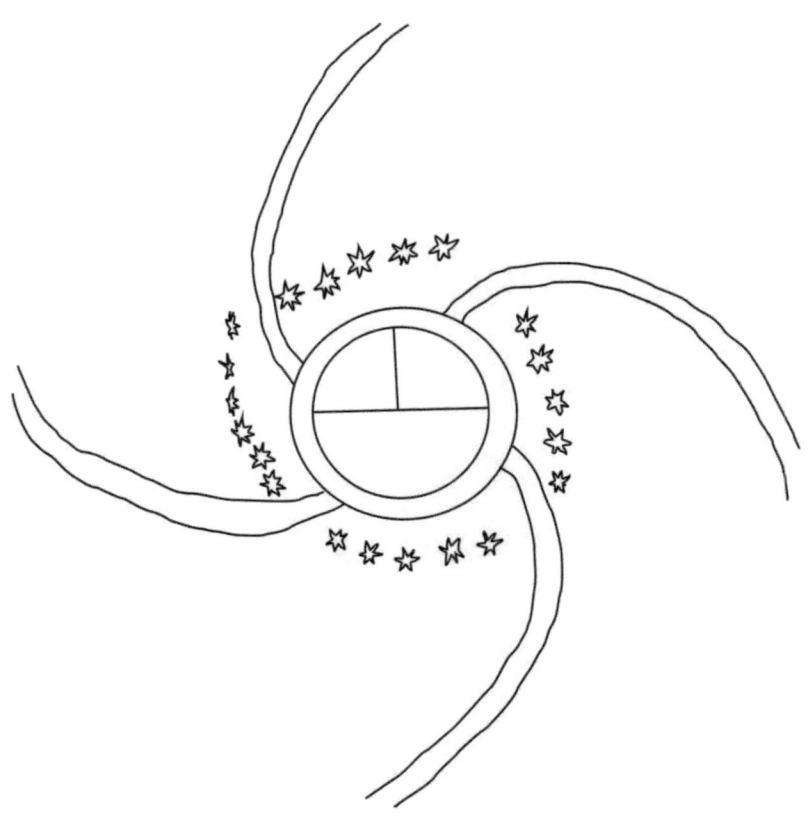

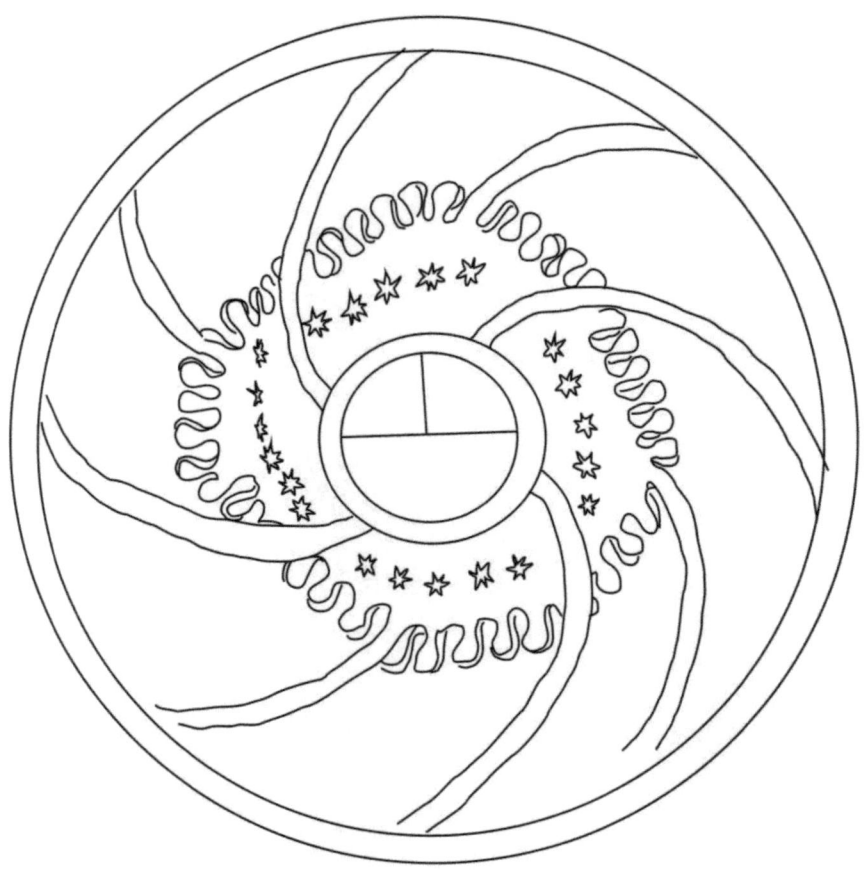

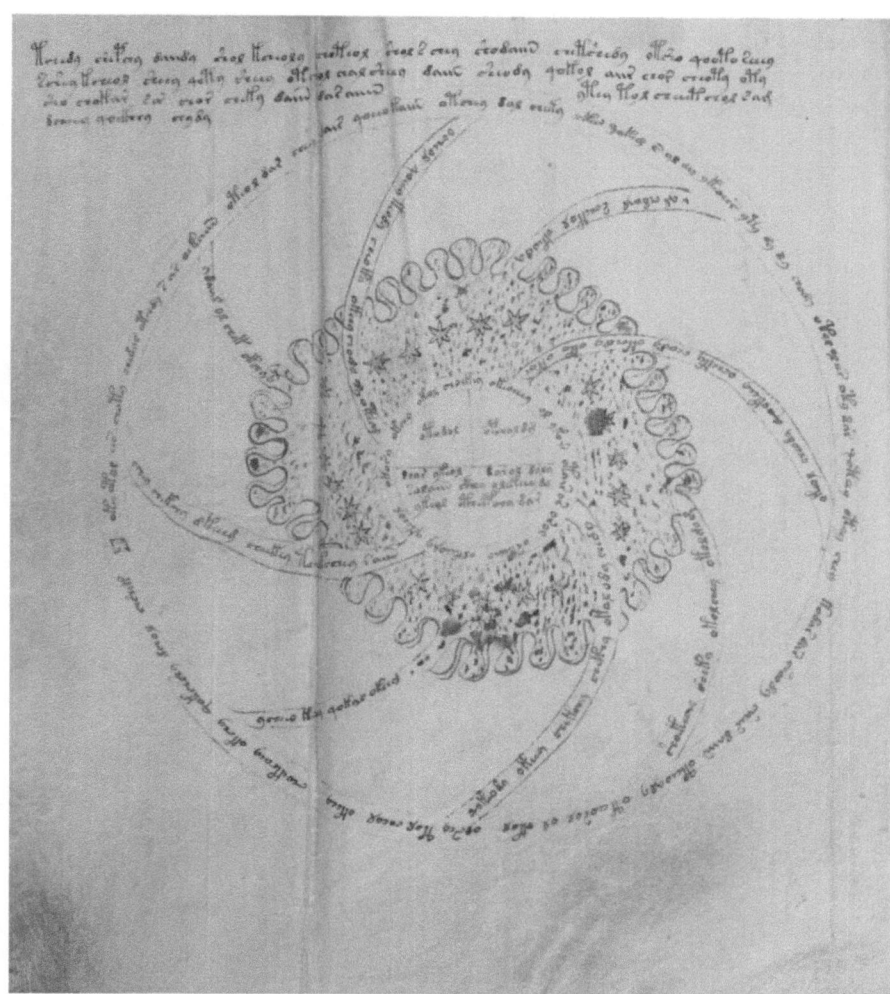

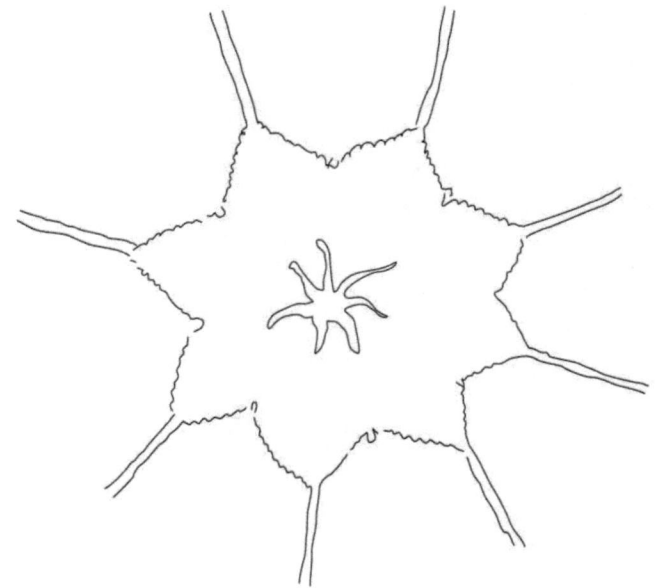

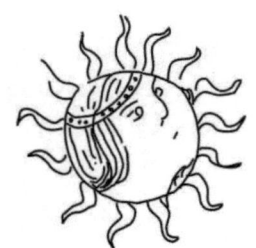

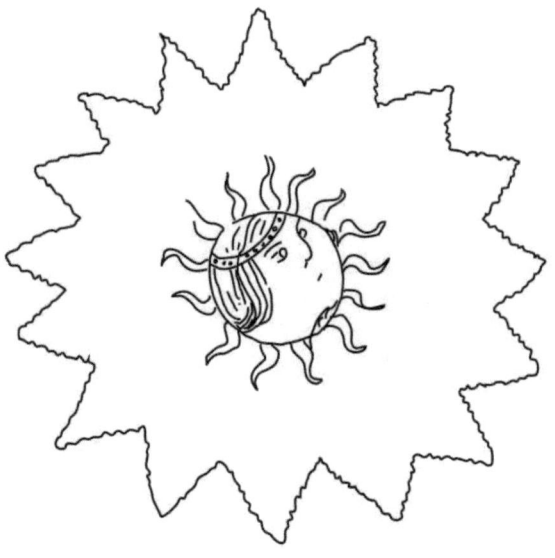

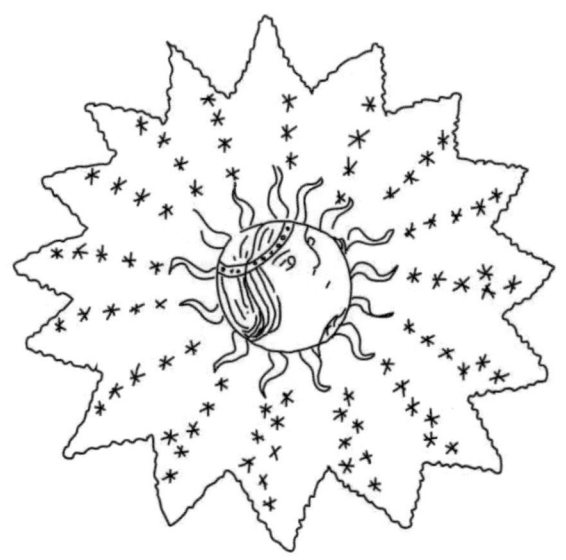

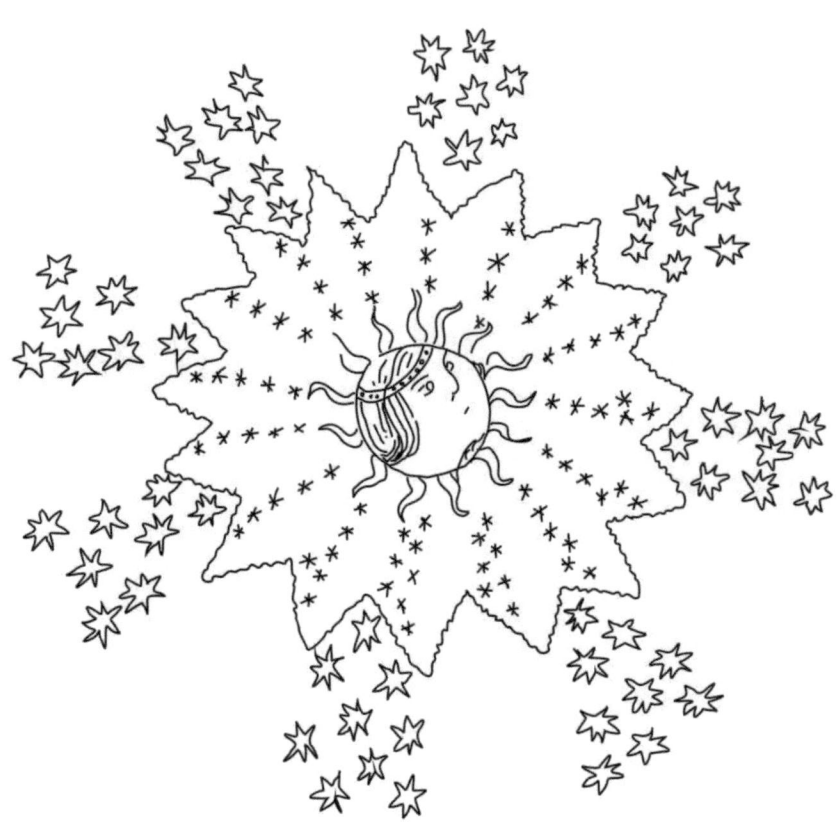

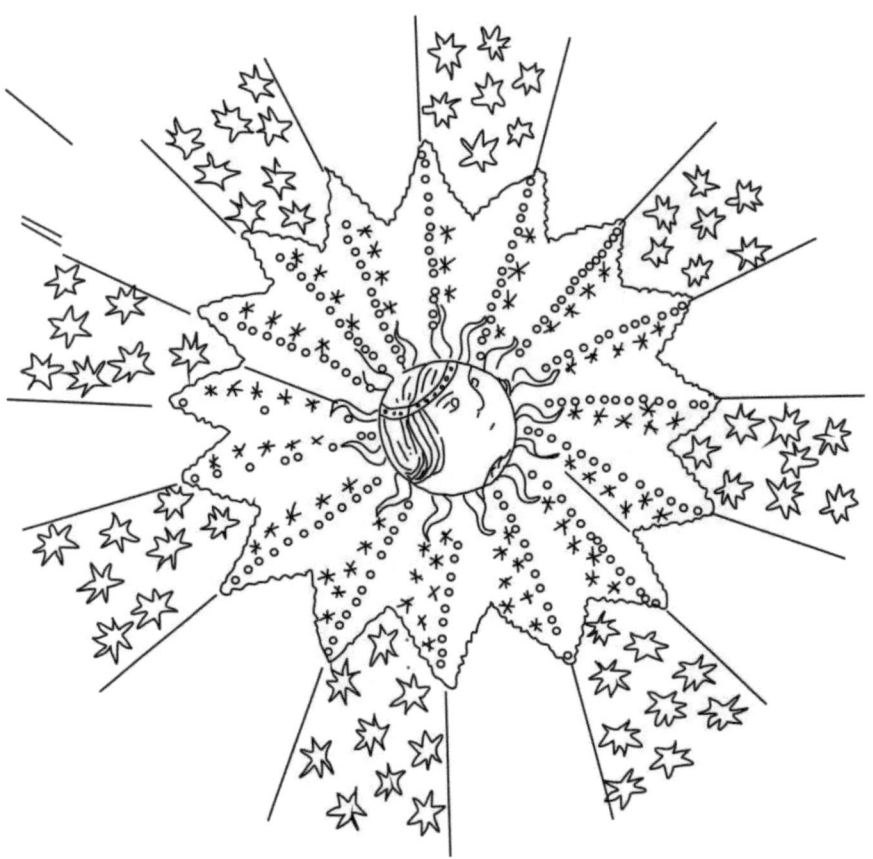

137

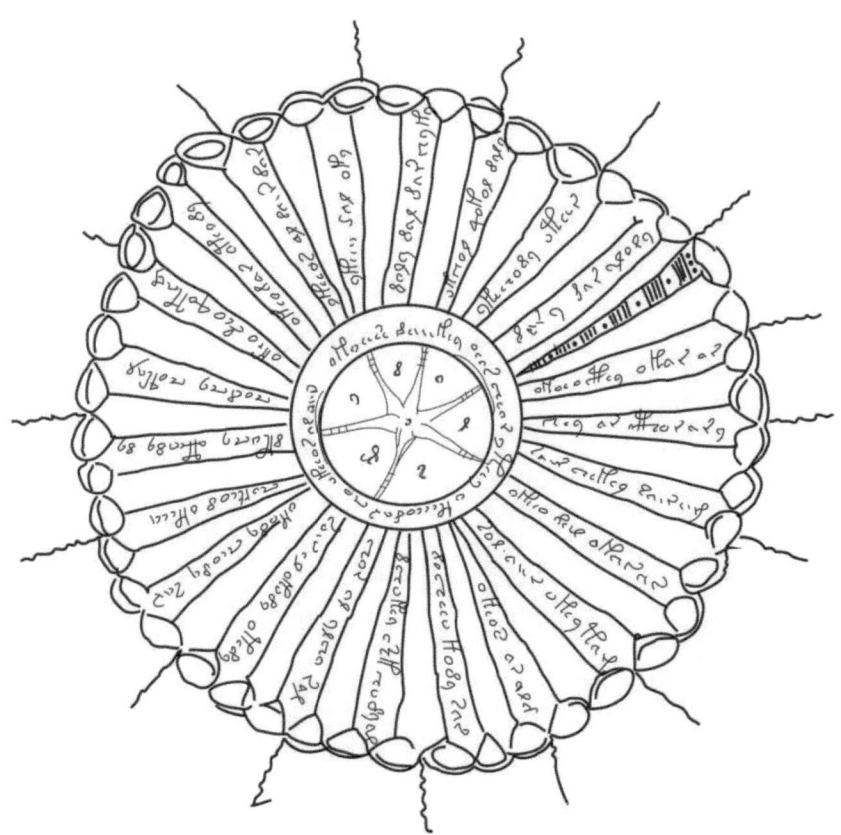

138

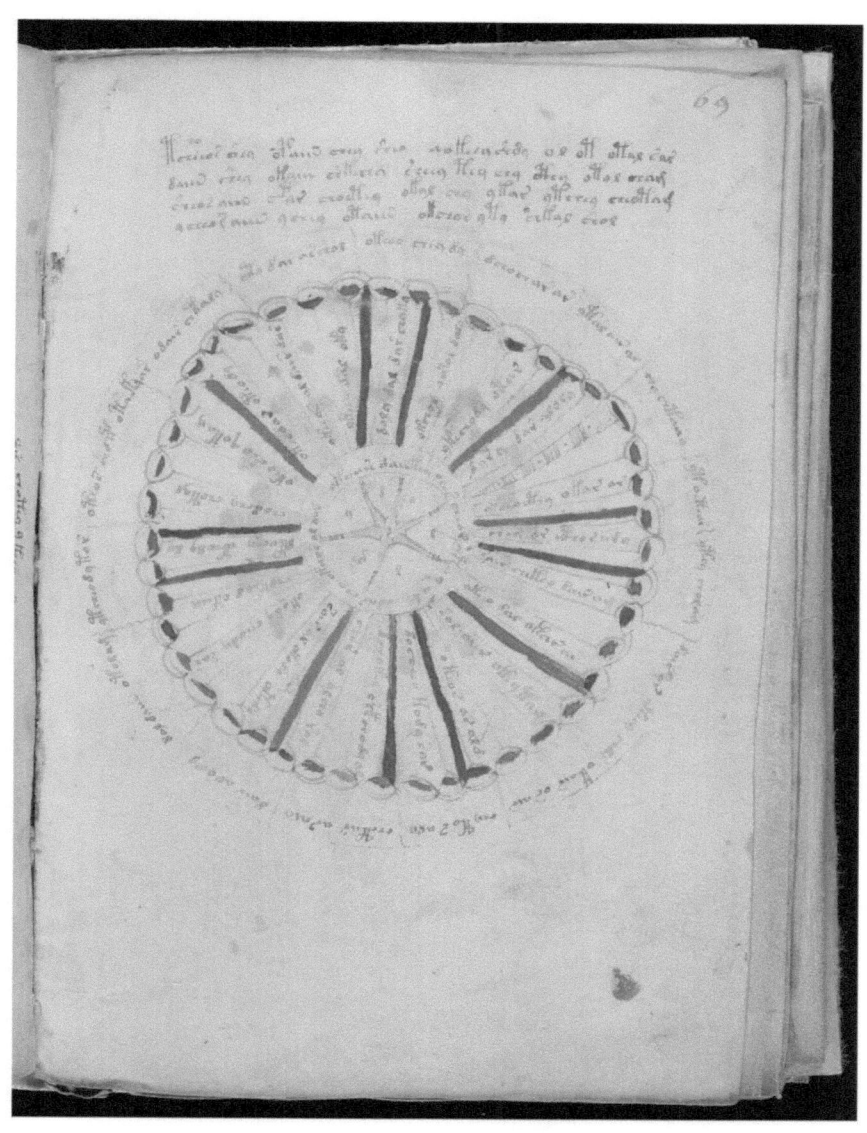

139

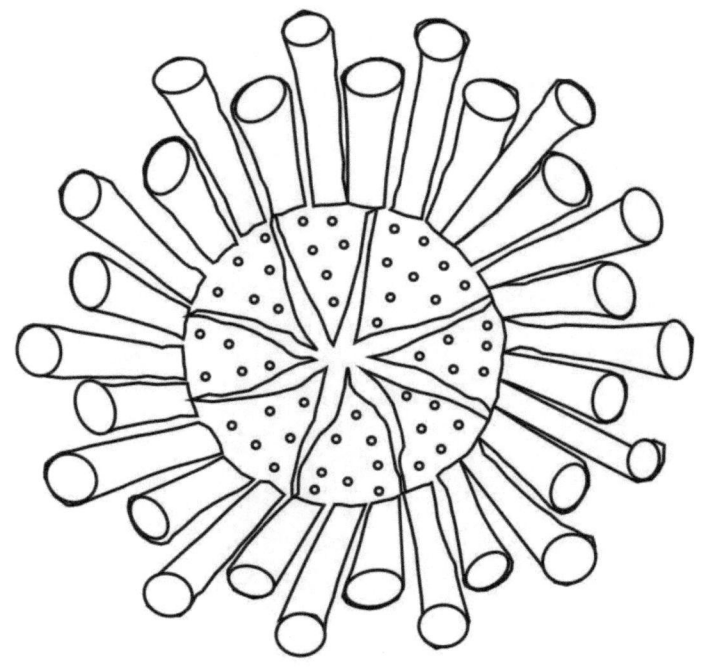

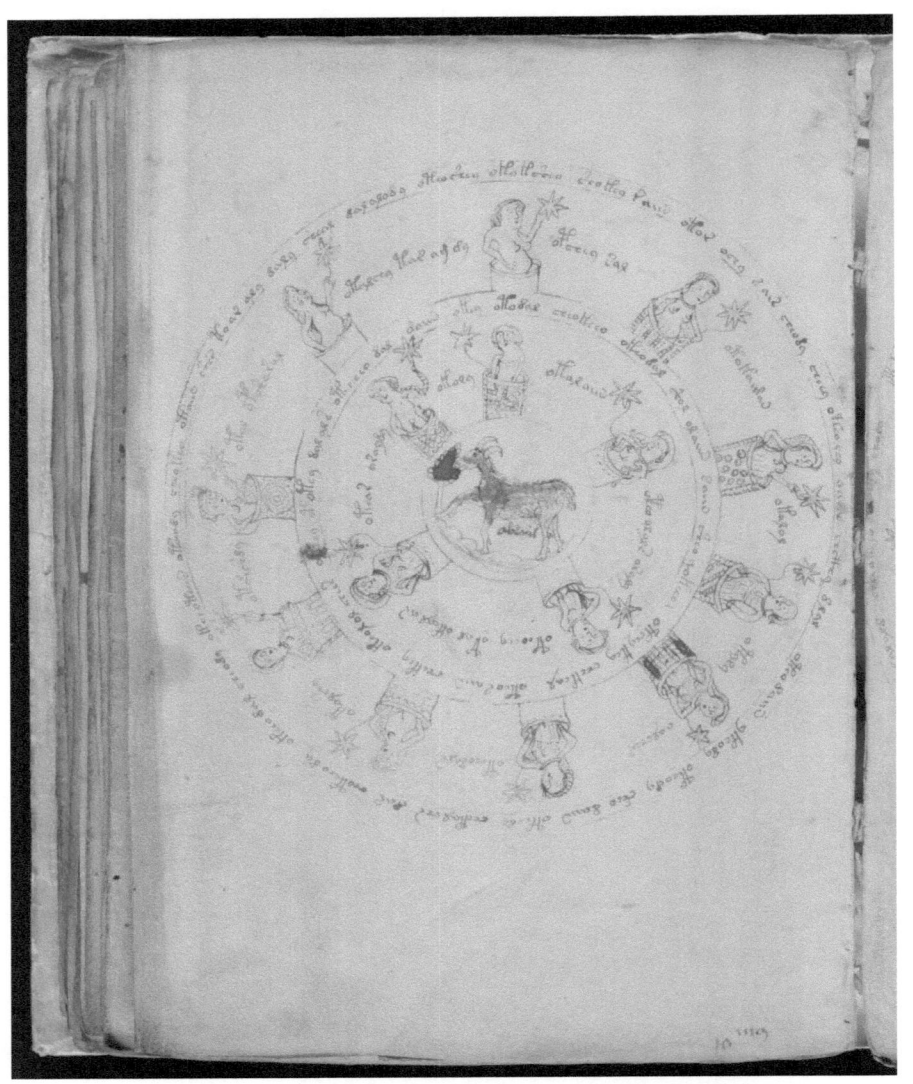

142

> „Und schließlich fehlt der religiöse, kirchliche Kontext völlig, der sonst bei mittelalterlichen Schriften sehr wichtig ist."

Lea Carl-Krüsi und Christoph Eggenberger 06.03.2021, https://www.nzz.ch/feuilleton/voynich-manuskript-ist-das-buch-mit-sieben-siegeln-ein-pamphlet-ld.1603999

> *„Auch die zahlreichen Illustrationen im Voynich - Manuskript tragen mehr zur Verwirrung bei, als dass sie eine Hilfe wären."*

Klaus Schmeh Codeknacker gegen Codemacher Die faszinierende Geschichte der Verschlüsselung ,Springer Fachmedien Wiesbaden GmbH,4. Auflage 2022, S. 1

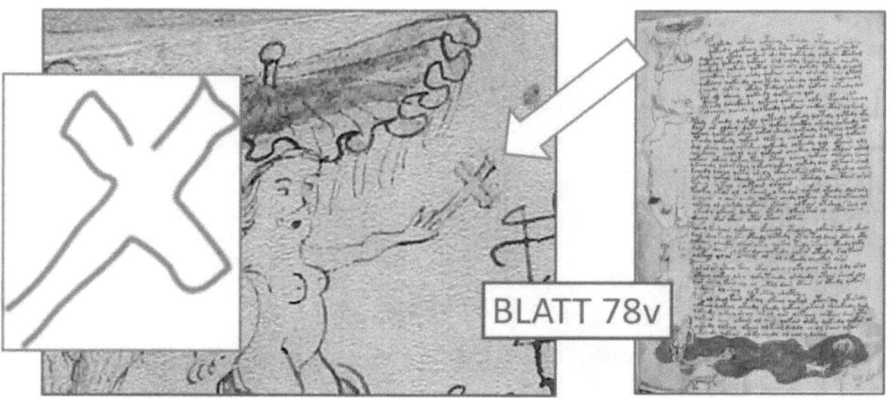

BLATT 78v

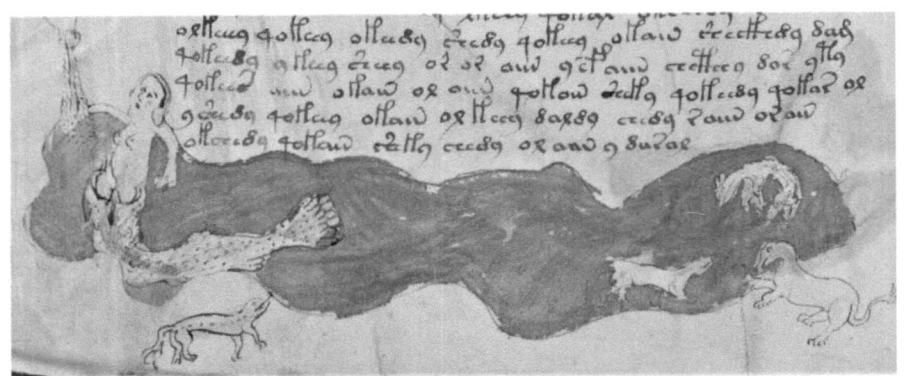

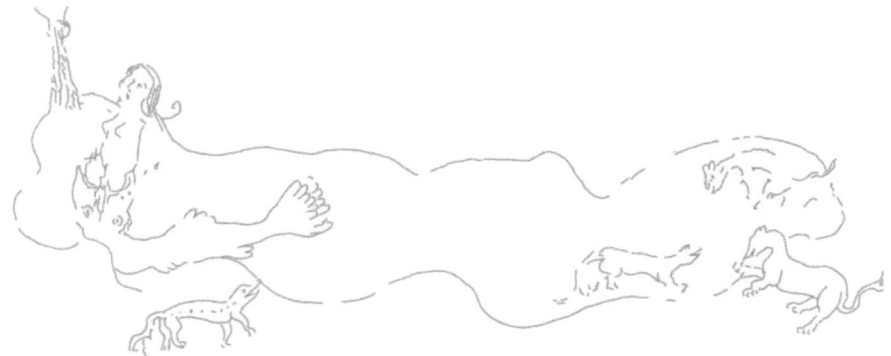

146

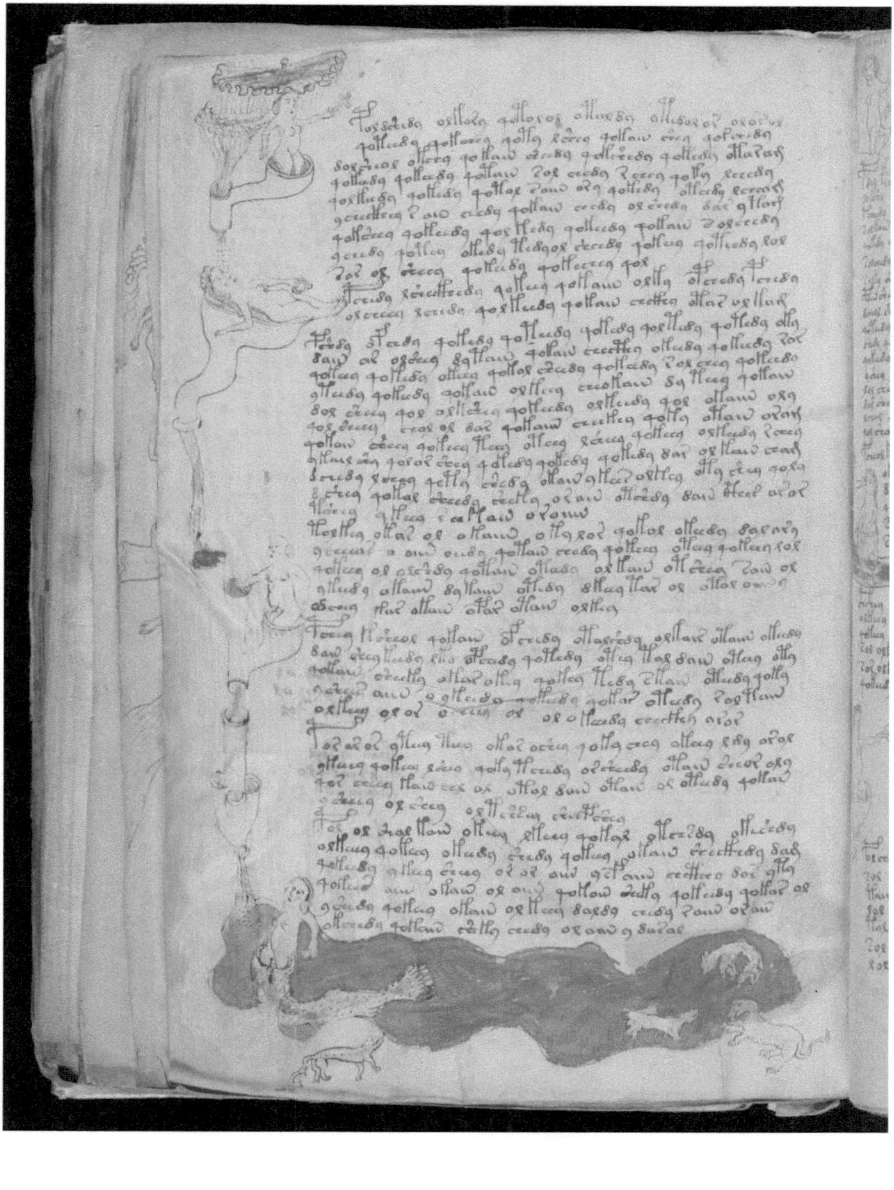

148

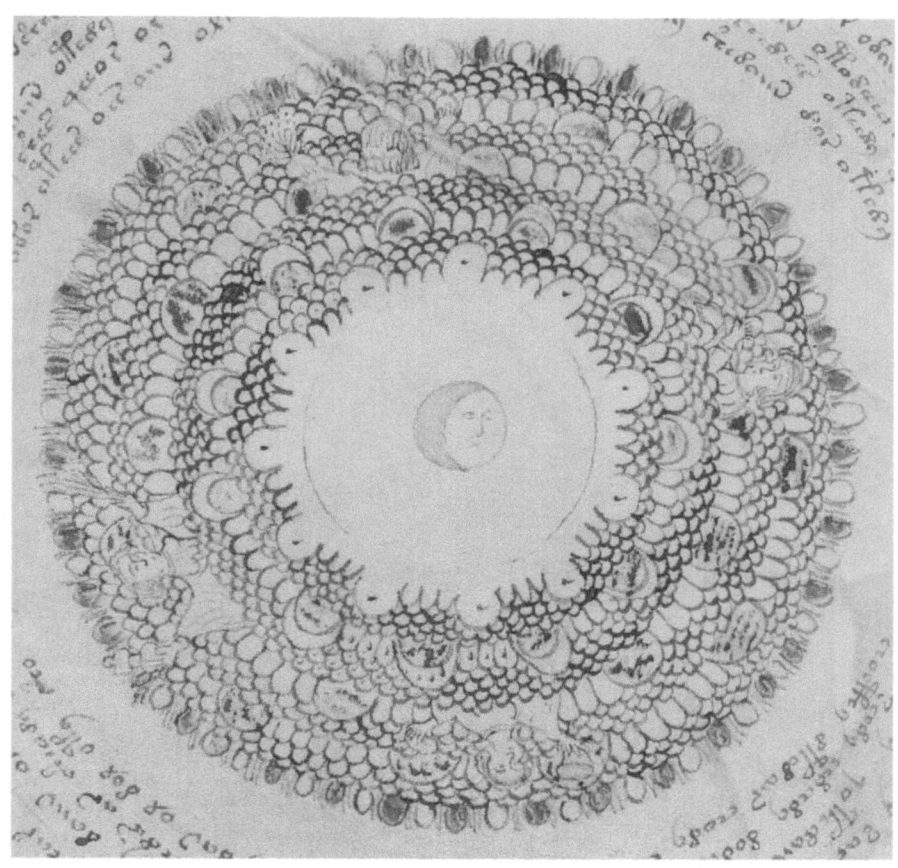

149

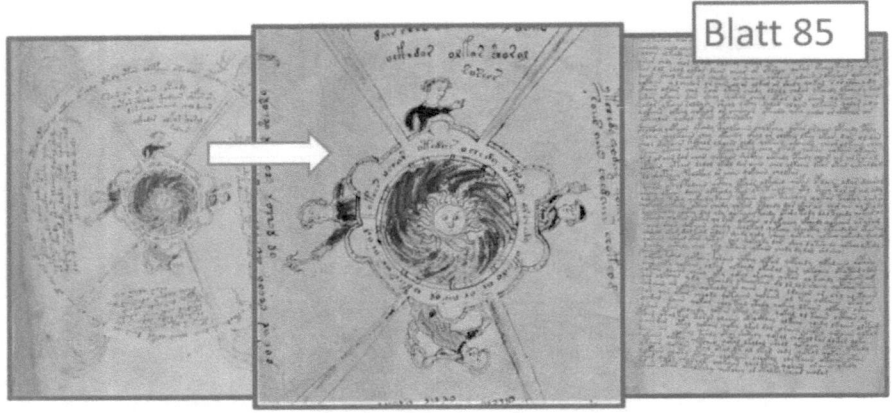

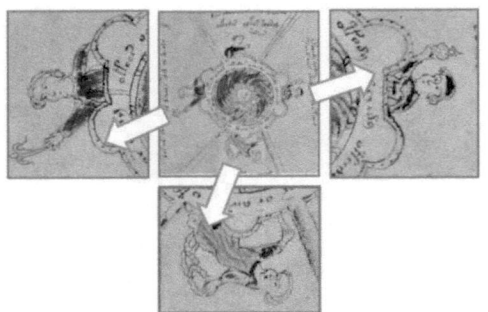

Die Lilie ist das Attribut des Erzengels Gabriel, seine Himmelsrichtung ist der Westen. Das Medizinfläschchen gehört zum Erzengel Raphael, seine Himmelsrichtung ist der Osten. Im Süden residiert der Erzengel Michael mit der Kette in der Hand, das Böse zu binden. Im Norden findet man den Erzengel Uriel.

„Kosmologische" Sektion (f. 85r–86v)

Die Bezeichnung dieses Abschnitts ist eher eine Verlegenheitsbezeichnung. Sie rührt von der oberflächlichen Ähnlichkeit der Abbildungen mit jenen aus der „astronomischen" Sektion her. Es handelt sich um kreisförmige, rosettenähnliche Darstellungen, die von teils umfangreichem Textmaterial begleitet sind. Besonders bekannt ist die sogenannte „Rosettenseite" (f. 85v–86r), die auseinandergefaltet eine quadratische Anordnung von neun miteinander verbundenen „Rosetten" zeigt.

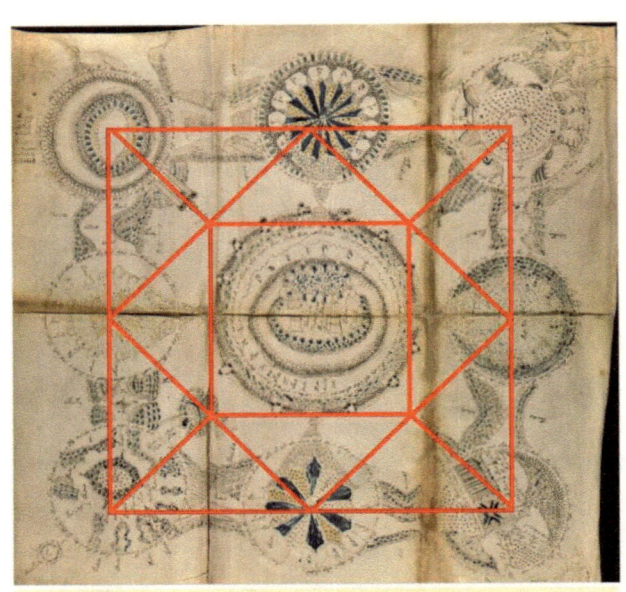

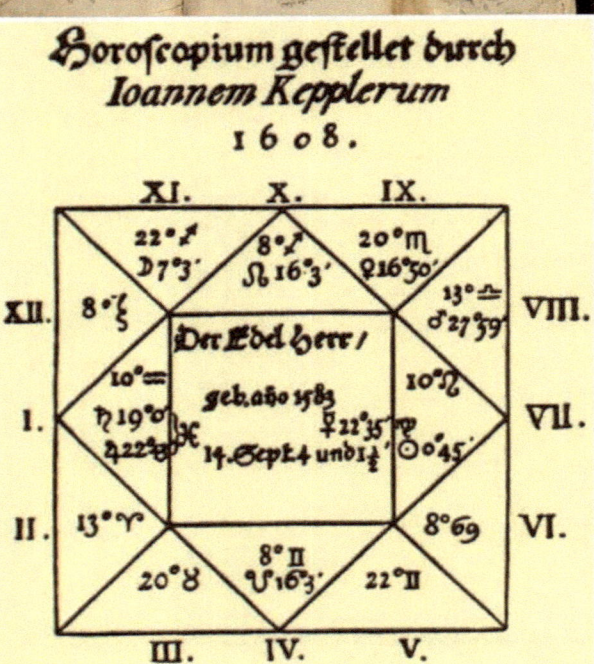

Horoſcopium geſtellet durch
Ioannem Kepplerum
1 6 o 8.

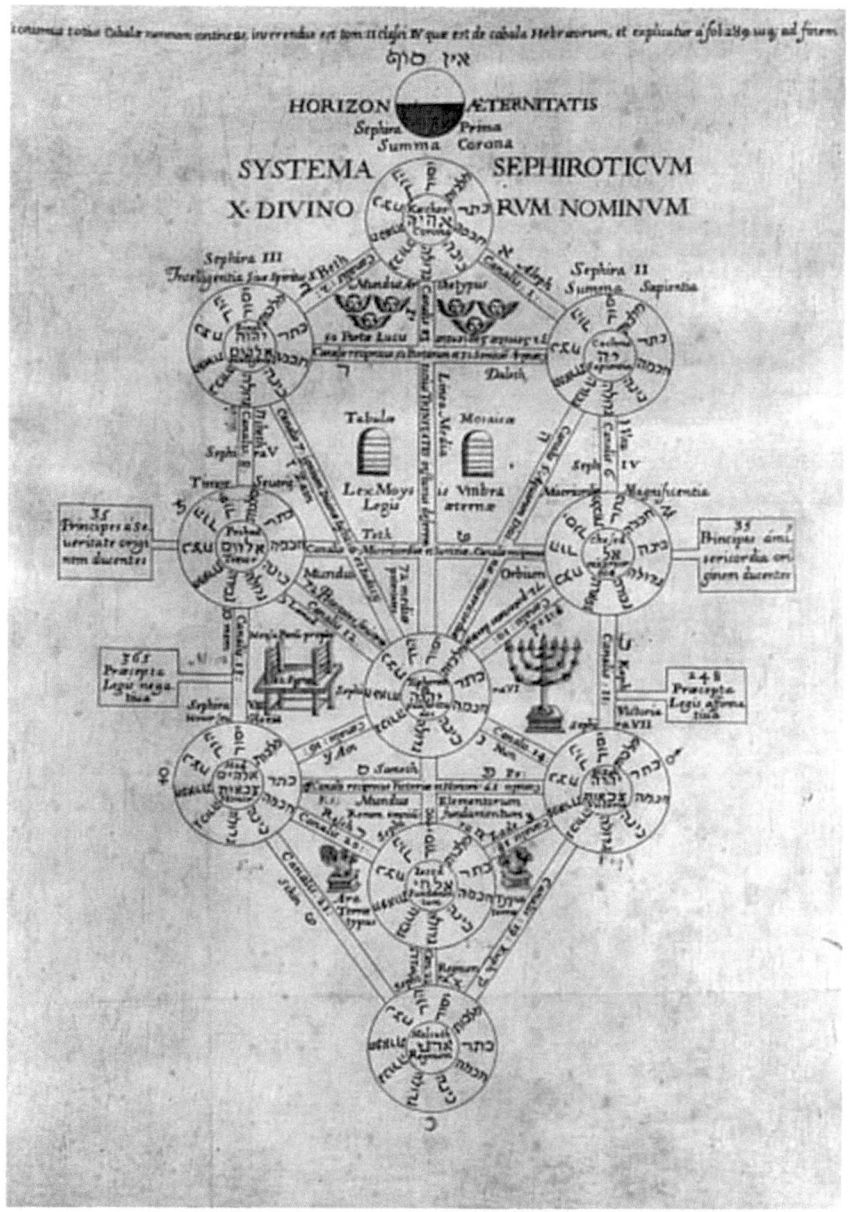

153

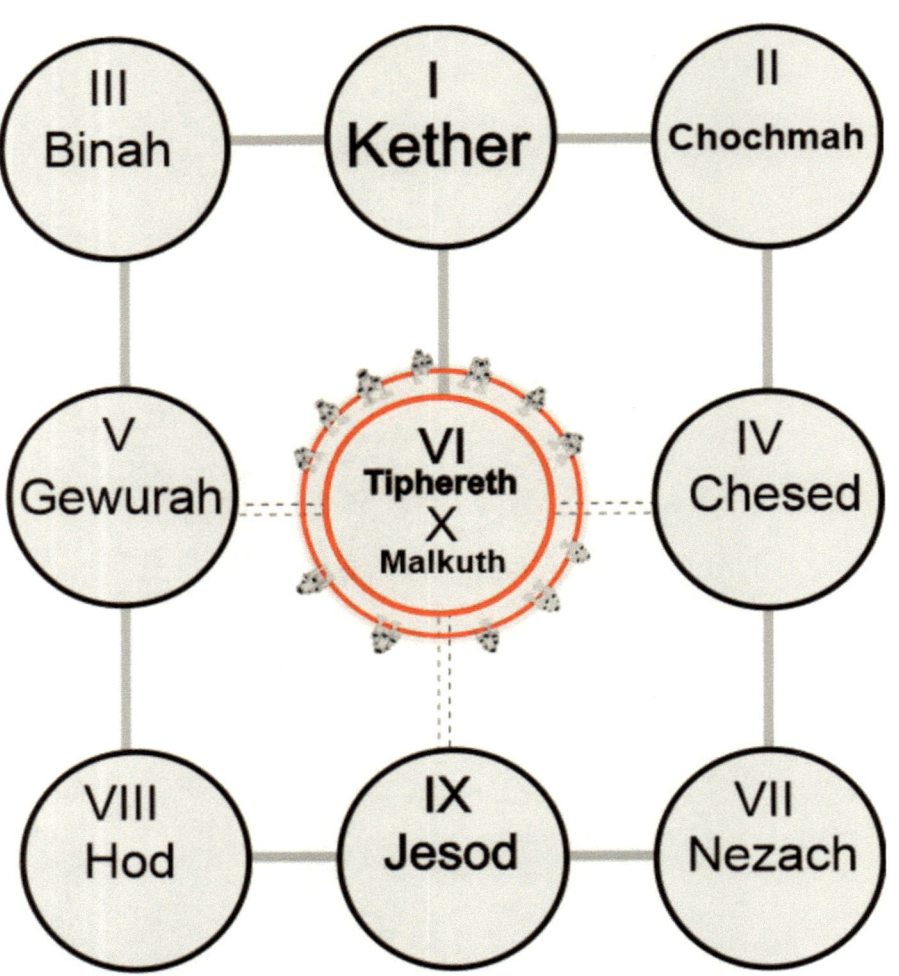

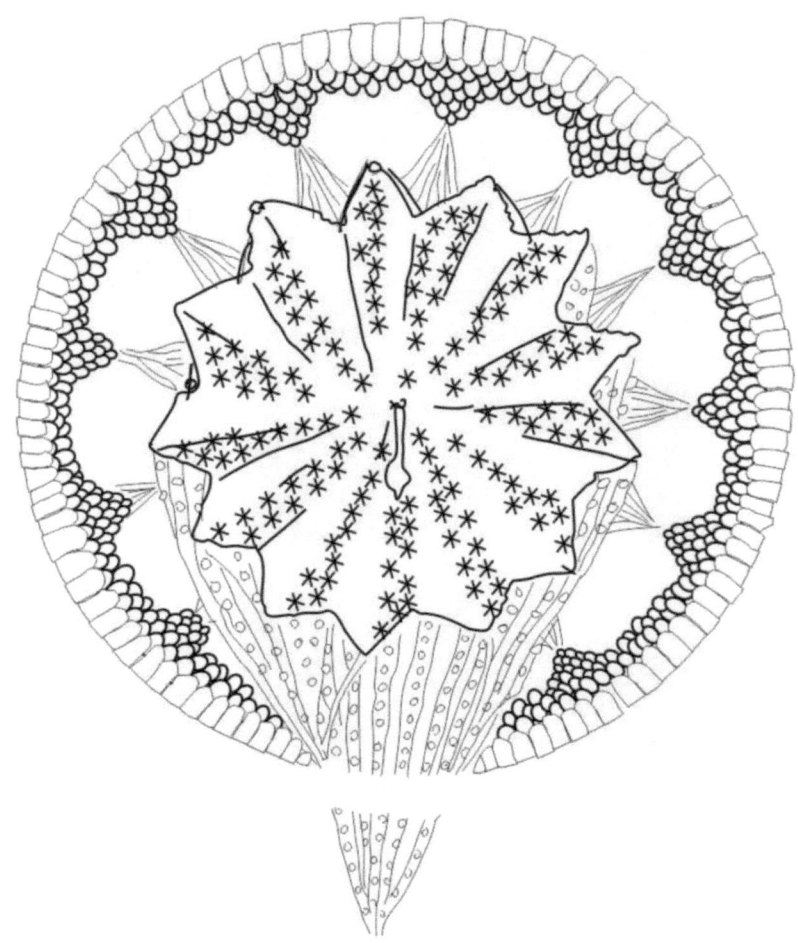

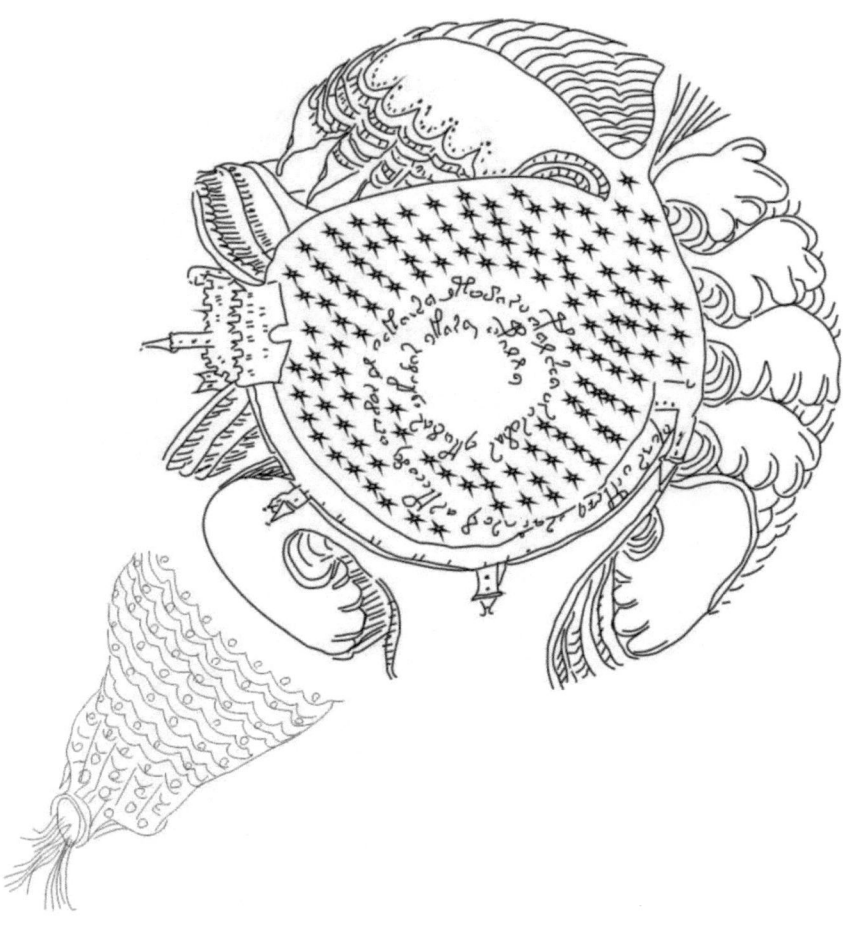

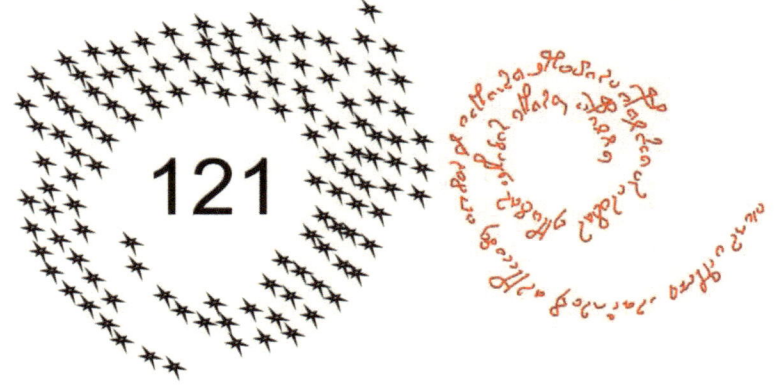

121

161

Die Zahl <121>

Die Primzahldarstellung von <121> ist 11 * 11 mit 2 Primzahlfaktoren.

Es gibt <2> Faktorpaare:

(1 * 121, 11 * 11).

Dreidimensionale Darstellung (Zahl, Strahl, Kreis) = (121, 1, 6)

Die Quersumme von <121> ist <4>.

Die Zahl <121> eröffnet den Zahlenkreis des Menschen. Der Mensch (<6>) wird hier in seiner Unvollkommenheit gesehen. An der Vollkommenheit (<7>) fehlt dem Menschen die Zahl <1>, die Zahl Gottes. Deshalb ist er auf die Hilfe Gottes angewiesen. Dieser Sachverhalt wird eindrucksvoll in {Psalm 121} dargestellt. Die Zahl <121> liegt auf dem Zahlenstrahl Gottes. Von **Gott dem Schöpfer**, der als Jahwe **in seiner Hinwendung zum Menschen** gesehen wird, spricht

{Psalm 121.2}
*Meine **Hilfe** kommt von **Jahwe**, der Himmel und Erde gemacht hat.*

Von ihm kommt die Hilfe, die der Mensch benötigt. Das Faktorpaar 11 * 11 zeigt die Vollendung der Zahl <11>, die Gott und Gott im Leben des Menschen verbindet.

In dem Psalm <121> wird nur von der Hilfe für Israel gesprochen. Aber Gott will seine Hilfe allen Menschen zuteilwerden lassen. Davon spricht der Name der Stadt Ninive, der im AT den Totalwert <121> hat.

{Jona **4.11**}
*und **ich [Jahwe]** sollte mich **Ninives**, der großen Stadt, **nicht erbarmen**, in welcher mehr als hundertundzwanzigtausend Menschen sind, die nicht zu unterscheiden wissen zwischen ihrer Rechten und ihrer Linken, und eine Menge Vieh?*

[Man beachte die Zahlen <**4**> und <**11**> in der Kapitel- und Versangabe des letzten Verses des Buches Jona. Dieser Vers beginnt mit dem <**666**>. Wort im Buch Jona.]

Von der Gnade Gottes für alle Menschen spricht auch der <**121**>. Vers des <**6**>. Buches der Bibel (im <**6**>. Kapitel) am Beispiel der Moabitin Rahab.

{Josua 6.23}
*Da gingen die Jünglinge, die Kundschafter, hinein und **führten Rahab und ihren Vater und ihre Mutter und ihre Brüder und alle ihre Angehörigen hinaus;** alle ihre Geschlechter führten sie hinaus; und sie ließen sie außerhalb des Lagers Israels. -*

https://www.zeitundzahl.de/Download/Zahlen/Bedeutung_der_Zahlen.pdf

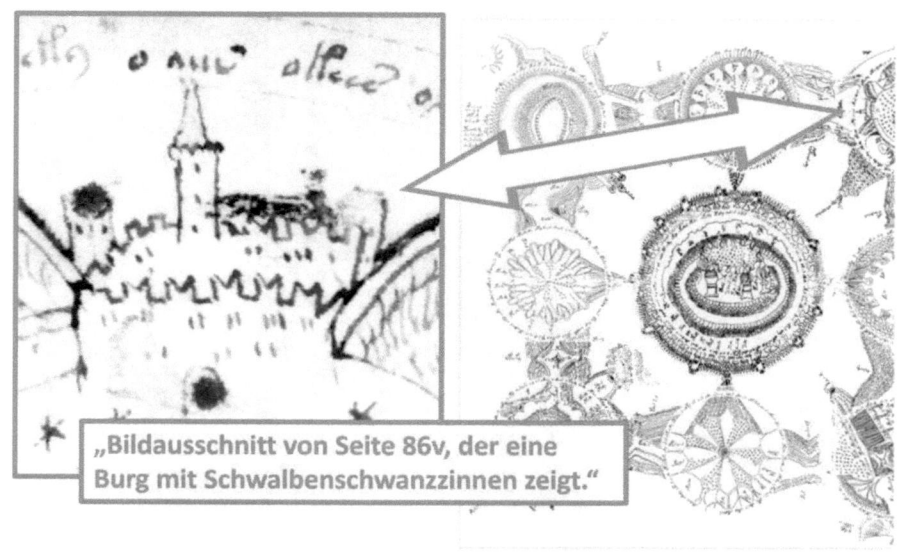

"Bildausschnitt von Seite 86v, der eine Burg mit Schwalbenschwanzzinnen zeigt."

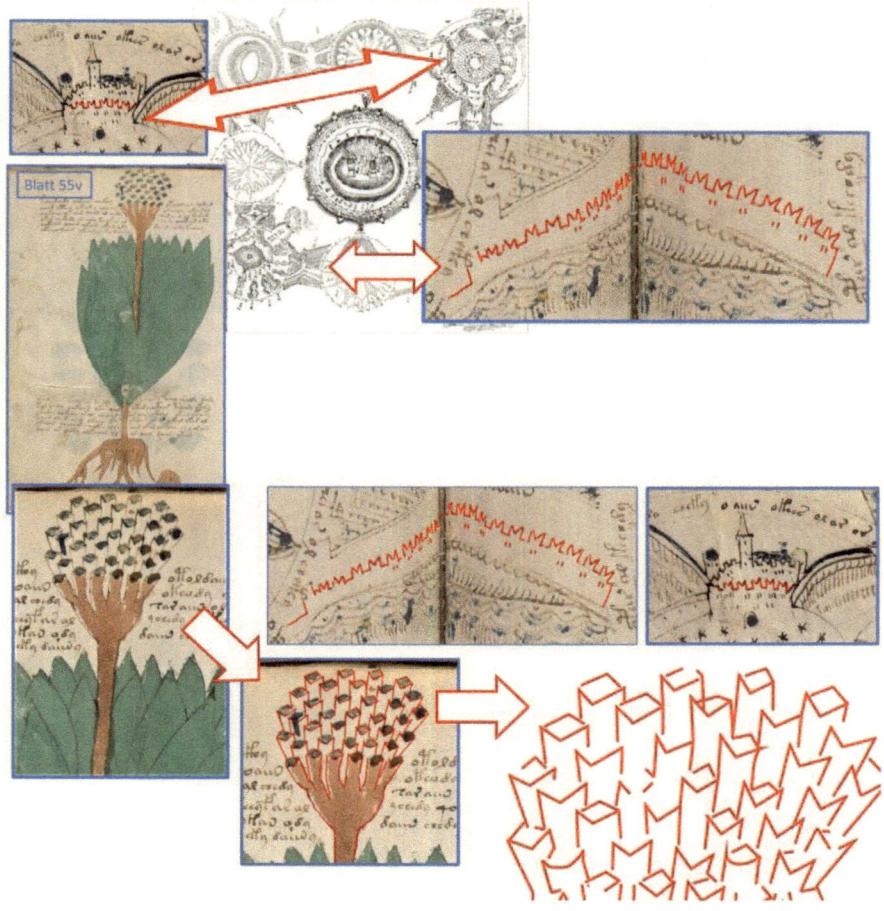

165

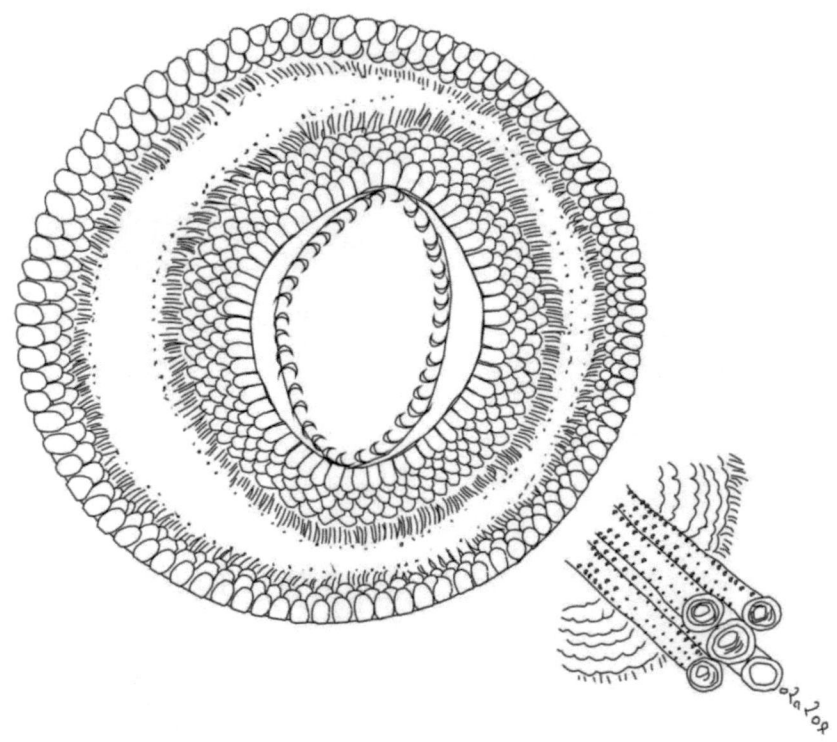

167

Gott auf seinem Thron mit
doppeltem Nimbus/
Heiligenschein

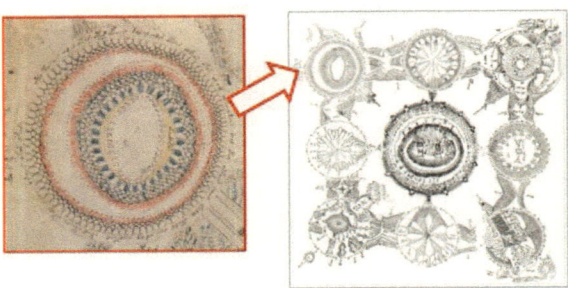

„Merkaba", https://de.wikipedia.org/wiki/Merkaba
Kupferstich Ezechiel (Ausschnitt) aus dem Iconum
Biblicarum des Matthäus Merian (1593–1650)

Von Matthaeus (Matthäus) Merian (1593-1650) - WP-en. There attributed to site http://www.biblical-art.com/ . Gemeinfrei, https://commons.wikimedia.org/w/index.php?curid=4164018

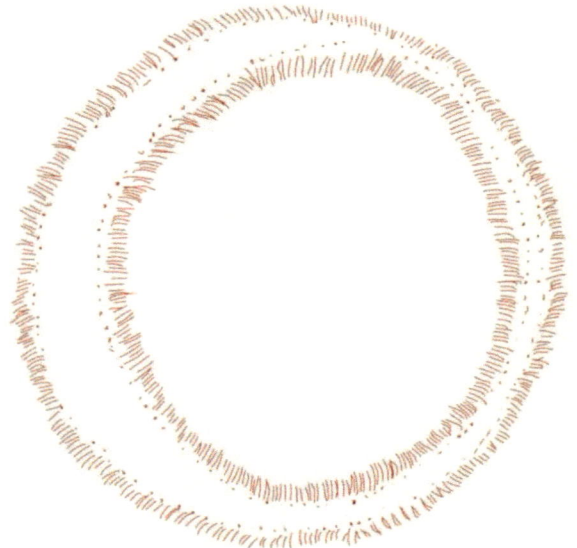

168

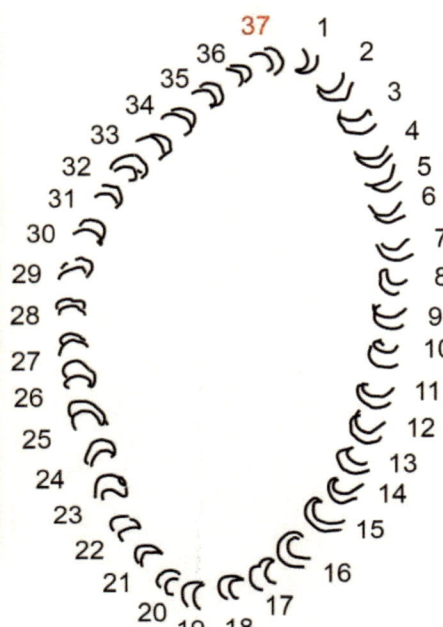

DER STEPHANSDOM IN WIEN

LES PLUS BELLES EGLISES DU MONDE

SAINT-ETIENNE DE VIENNE (AUTRICHE).

„Die Schlüsselzahl für die Konstruktion der Stephanskirche ist die Zahl 37. Die Frage bleibt allerdings offen, wie der planende Meister auf diese Zahl gekommen ist. Eine Deutungs-möglichkeit ergibt sich aus dem symbolischen Gehalt der Zahl, ausgedrückt in römischen Zahlenzeichen: XXXVII. In dem X offenbart [offenbaren] sich das Kreuzzeichen und Christus, in den drei XXX die heiligste Dreifaltigkeit. Das Zeichen VII gilt als perfekte Zahl, denn VII ist die Zahl der Schöpfungstage, der Bitten des Vaterunsers, der Seligpreisungen, der Gaben des Heiligen Geistes, der Haupttugenden und Haupt-sünden, der Sakramente, der Leidensstationen Jesu, der Worte am Kreuz, der Schmerzen und Freuden Mariae usw." (Nachzulesen bei Feuchtmüller, Der Wiener Stephansdom)

37x73=2701

IM ANFANG
SCHUF GOTT DIE
HIMMEL UND DAS
ERDENLAND

1. Mose 1:1

בראשית ברא אלהים את השמים ואת הארץ

296+407+395+401+86+203+913=2701

DAS KONSTRUKTIONSGEHEIMNIS DER SCHÖPFUNG

37x37=1369

Und der Geist Gottes
schwebte über dem Wasser

1.Mose 1:2

ורוח אלהים מרחפת על־פני המים

95+240+728+86+220=1369

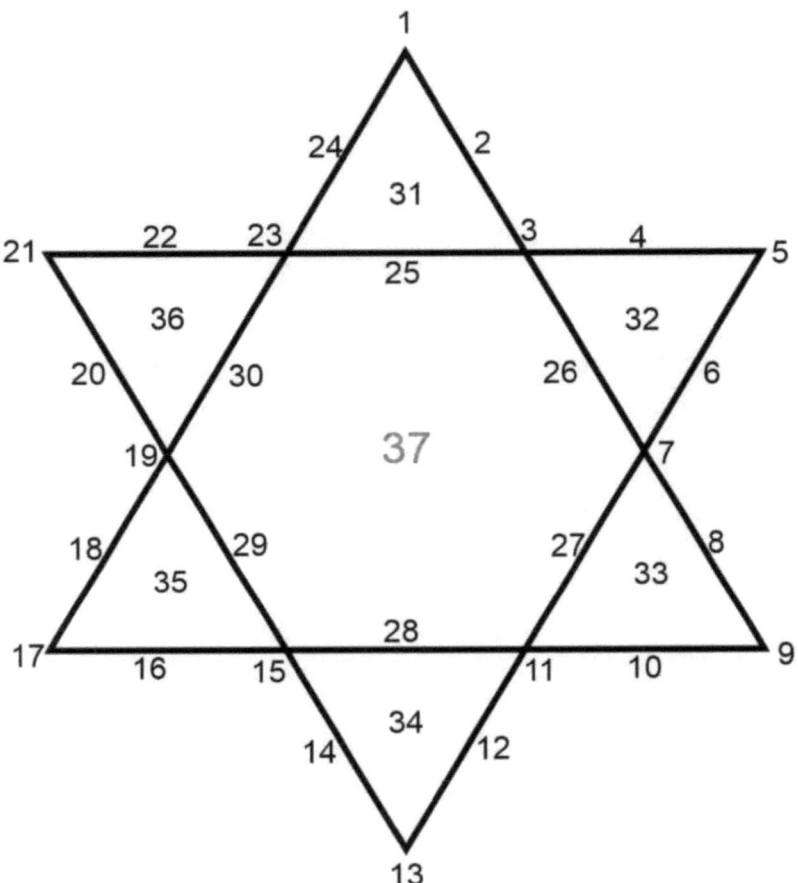

Die Zahl 37

In dieser Darstellung erkennt man die entscheidenden Zahlen, die Jesus Christus charakterisieren. Neben der Zahl 8, die wir schon weiter oben gesehen haben, erscheint als gemeinsamer Primzahlteiler die Zahl

<37>.

Im Text „Bedeutung der Zahlen" wurde die Zahl 37 als Kennzeichen des Ablaufs der Zeit beschrieben. Wir werden sie im Kapitel „Matthäus 1.1 und Genesis 1.1" weiter behandeln.

Die Zahl <37> eröffnet einen weiteren Blick auf die Totalwerte von Jesus und Christus. Es gilt:

Jesus: 24 * 37
Christus: 40 * 37

Der Name Jesus ist mit der Zahl der Herrlichkeit <24> verbunden. Die Zahl <40> im Namen Christus erinnert an die 40 Tage, die Jesus durch den Teufel zu Beginn seines Dienstes versucht wurde, und an die 40 Tage, die er nach seiner Auferstehung noch auf der Erde war.

Die Zahl 37 setzt sich aus den Quersummen 24 und 13 der Totalwerte von Jesus (888) und Christus (1480) zusammen.

Der Ausdruck „Sohn des Menschen", der oft für Jesus Christus verwendet wird, hat den Totalwert 680 + 770 + 1510 = 2960. Auch diese Zahl ist ein Vielfaches von 37:

Sohn des Menschen: 80 * 37

Der Name Jesus mit dem Totalwert 888 beschließt den 37. Zahlenkreis, denn er steht auf dem 24. Zahlenstrahl (Siehe hierzu den Text „Primzahlkreuz").

https://www.zeitundzahl.de/Download/Zahlen/Bedeutung_der_Zahlen.pdf

Matthäus 1.1 und Genesis 1

Der Anfang von AT und NT sind miteinander in verschiedener Hinsicht verbunden. Wir beginnen mit dem ersten Vers der Bibel.

Genesis 1.1

Der erste Vers des AT lautet in der alten Elberfelder Übersetzung:

{1. Mose 1.1}
Im Anfang schuf Gott die Himmel und die Erde.

Der hebräische Grundtext ist in der folgenden Tabelle angegeben (Nach der Bibel in Text und Zahl [BiTuZa]).

6	913	2_200_1_300_10_400	im Anfang	
3	203	2_200_1	schuf	
5	86	1_30_5_10_40	Gott	3
14				
2	401	1_400	**	
5	395	5_300_40_10_40	die Himmel	2
7				
3	407	6_1_400	und **	
4	296	5_1_200_90	die Erde	2
7				
28	Buchstaben			7 Wörter

Das AT (und damit die Bibel) beginnt (wie auch das NT) mit dem Buchstaben, der der Zahl <2> entspricht. Das <3>. Wort der Bibel lautet „Gott". Das 3. Wort des NT lautet „**Jesus**" und nennt damit auch eine göttliche Person. Nach diesen beiden Übereinstimmungen unterscheiden sich die Anfangsverse der beiden Testamente.

Der erste Vers des AT besteht aus <7> Wörtern und <28> Buchstaben.

Der erste Vers des NT besteht aus <8> Wörtern und <45> Buchstaben.

Wir werden uns zunächst mit dem ersten Vers des AT befassen. Der Totalwert des Verses ergibt

<2701>.

https://www.zeitundzahl.de/Download/Zahlen/Bedeutung_der_Zahlen.pdf

174

Diese Zahl wird aus den Ziffern 1 (der Zahl Gottes) und den beiden Ziffern 2 und 7 gebildet, die wir schon im Vers gesehen haben. 2701 hat eine einzigartige Primzahlzerlegung:

$$2701 = \mathbf{37 * 73}$$

Wenn man die Primzahlzerlegung etwas anders schreibt, erkennt man, dass 2701 eine Dreieckszahl von 73 ist:

$$2701 = (74/2) * 73$$

Die Zahl

$$\langle \mathbf{73} \rangle$$

ist die dezimale Spiegelzahl zur Zahl

$$\langle \mathbf{37} \rangle.$$

[Dr. Peter Bluer [Bluer] hat sehr viel Material über die Zahl 37 zusammengetragen. Dabei erwähnt er auch, dass 37 die 12. Primzahl und 73 die 21. Primzahl ist. 12 und 21 sind dezimale Spiegelzahlen. Weiter zeigt er, dass die Summe aus 2701 und ihrer dezimalen Spiegelzahl 1072 das Palindrom 3773 ergibt.]

Die beiden Zahlen 37 und 73 werden aus den Ziffern 3 und 7 gebildet, die wir schon im Vers gesehen haben. Die 3 steht für die Dreieinheit der Gottheit und die 7 für die göttliche Vollkommenheit.

Die Quersummen der drei Zahlen 37, 73 und 2701 ergeben jeweils 10. Diese Zahl beschreibt einerseits die Verantwortung des Menschen vor Gott und andererseits Gott auf der Ebene des menschlichen Lebens, also den Sohn Gottes auf der Erde.

Wir kommen nun zum ersten Vers des NT zurück. Gottes Sohn musste Mensch werden und am Kreuz das Rettungswerk für verlorene Menschen vollbringen. Der menschgewordene Gott wird als Jesus Christus am Beginn des NT vorgestellt. Dieses Werk ging über die Schöpfung hinaus. Deshalb geht auch die Wortanzahl 8 des ersten Verses im NT über die 7 im AT hinaus. Die Buchstabenanzahl in den beiden Versen unterscheidet sich um ⟨**17**⟩. 17 ist die Primzahl, die zur Zahl ⟨**18**⟩ gehört, und damit auf den Eintritt des Schöpfers in seine Schöpfung hinweist. In der Einleitung zu dem vorliegenden Text haben wir den Sohn Gottes als den ausführenden Schöpfer gesehen. Er lebte dann als Mensch Jesus Christus auf der Erde. In diesen beiden Namen erscheint die Zahl 37. Sie steht für den Ablauf der Zeit. Damit erklärt sich auch die Bedeutung der 37 im ersten Vers der Bibel. Mit dem „Im Anfang" beginnt der Ablauf der Zeit. Es ist der dynamische Aspekt der Schöpfung.

https://www.zeitundzahl.de/Download/Zahlen/Bedeutung_der_Zahlen.pdf

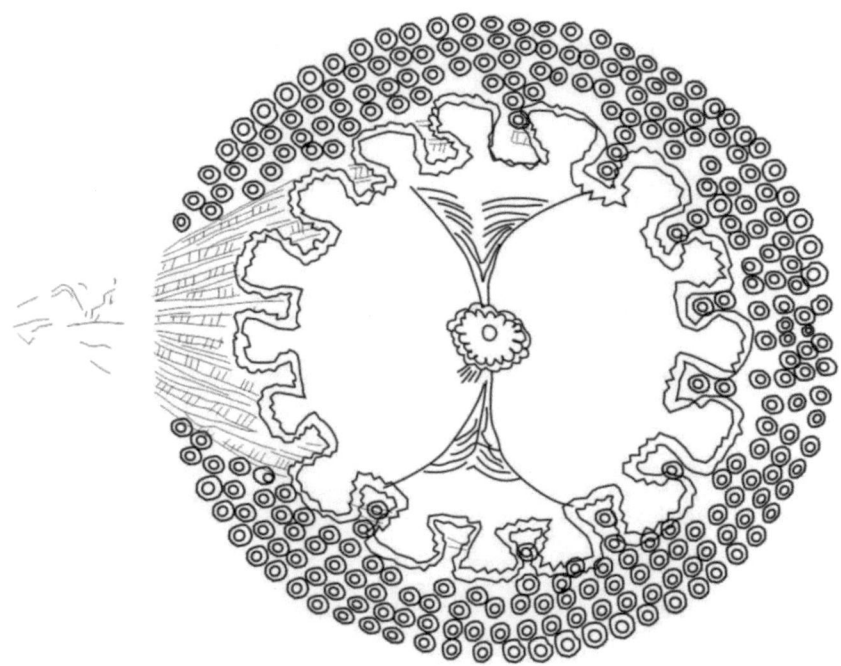

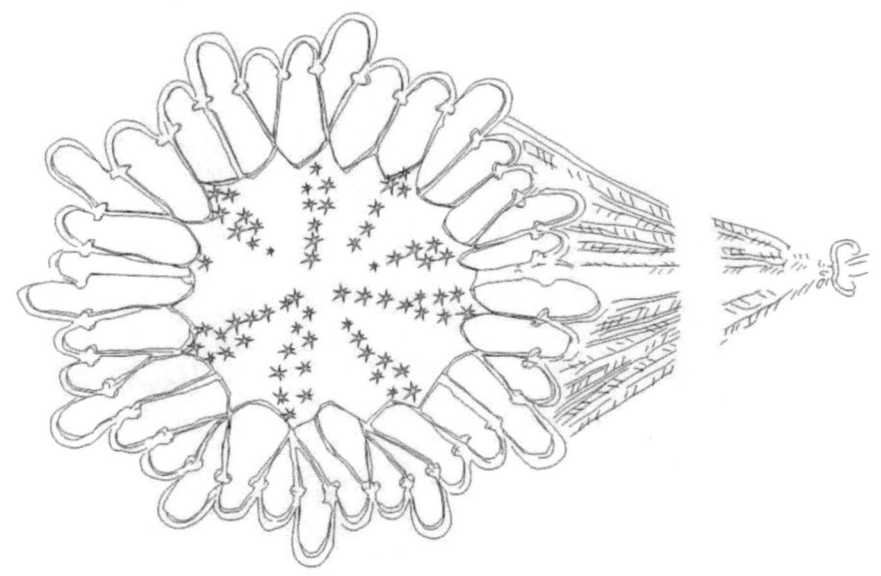

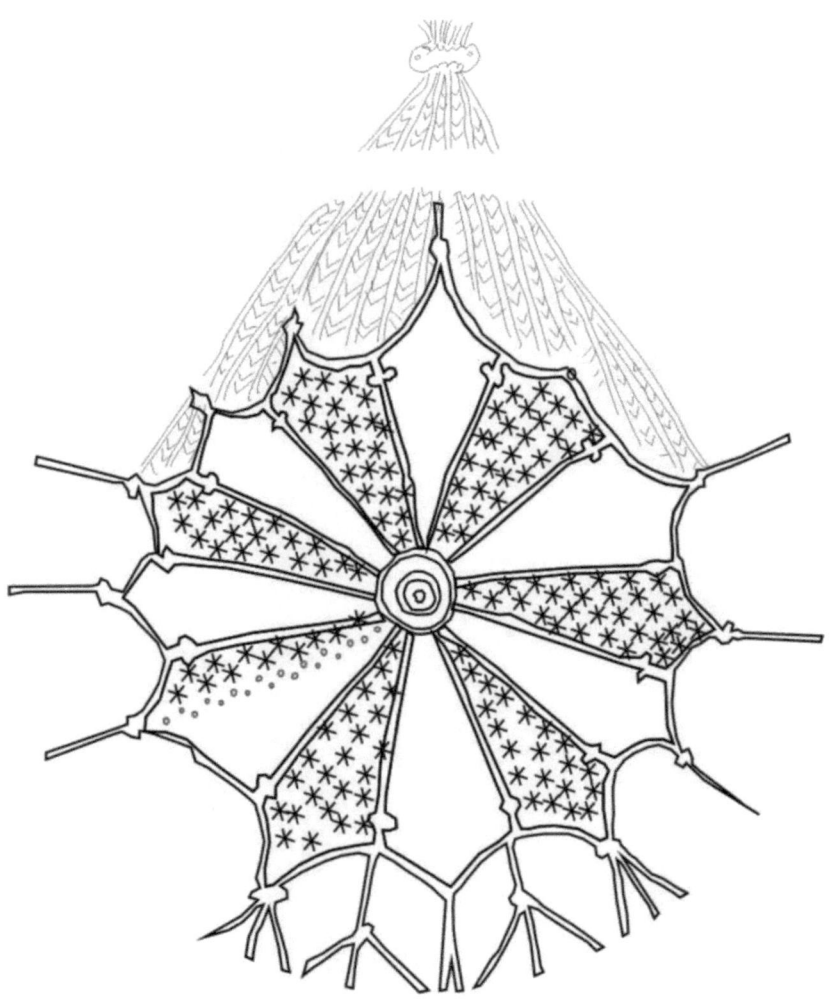

181

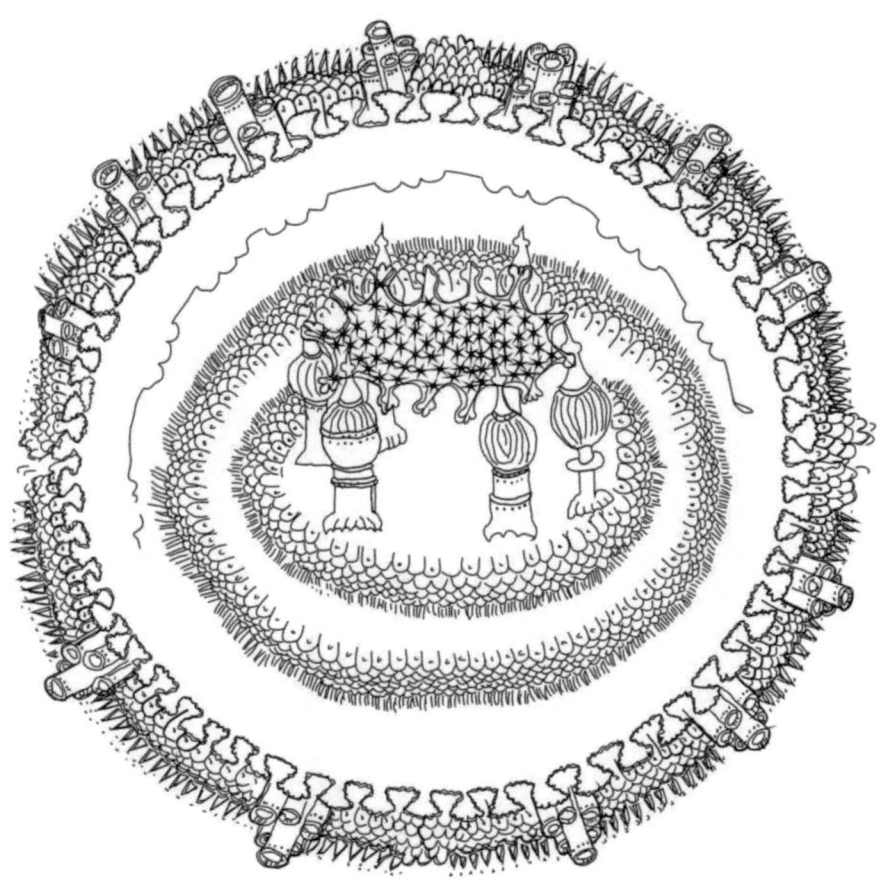

Die Zahl <72>

ist die letzte Zahl auf dem <3>. Zahlenkreis, wie aus der dreidimensionalen Zahlendarstellung (72, 24, 3) ersichtlich ist. Sie ist eine durch Primzahlzwillinge markierte Zahl (PmZ). Sie ist die erste PmZ, die am Ende eines Zahlenkreises steht. Sie ist dadurch mathematisch ausgezeichnet. Aber sie ist auch in ihrer biblischen Bedeutung ausgezeichnet. Schon im Judentum erkannte man die Bedeutung dieser Zahl. Diese Bedeutung liegt im Namen „Jahwe" verborgen. Dieser Name besteht im Hebräischen aus <4> Buchstaben mit den Zahlenwerten 10_5_6_5. Daraus ergibt sich als Totalwert <26> als Summe 10 + 5 + 6 + 5. Bildet man die hebräische Summe der <4> Zahlen, so ergibt sich

$$10 ++ 5 ++ 6 ++ 5 = 72.$$

Die hebräische Summe dieser <4> Zahlen nennt man auch den „gewachsenen Wert" von Jahwe. Diesen <4> Zahlen entsprechen im Hebräischen <4> Buchstaben, die man ausspricht als

10	= Jod
5	= He
6	= Waw
5	= He

Wenn man jeden hebräischen Buchstaben wieder in Hebräisch ausschreibt (so wie man im Deutschen y als Ypsilon ausschreiben würde), so ergibt sich:

Jod	=> Jod + Waw + Daleth	= 10 + 6 + 4	= 20
He	=> He + Jod	= 5 + 10	= 15
Waw	=> Waw + Jod + Waw	= 6 + 10 + 6	= 22
He	=> He + Jod	= 5 + 10	= 15

Die Gesamtsumme 20 + 15 + 22 + 15 ist wieder **72**. Die Zahl, die sich aus den ausgeschriebenen Buchstaben eines Wortes errechnet, nennt man den „vollen Wert" des Wortes. Somit ist **der „volle Wert" von Jahwe gleich dem „gewachsenen Wert" gleich <72>**. Im Wort Jahwe liegt also eine geheimnisvolle Symbolik verborgen.

Die Bedeutung der <72> ist im AT dadurch gekennzeichnet, dass das hebräische Wort für Gunst, Güte, Liebe oder Gnade im Zahlencode 8_60_4 lautet und somit den Totalwert <72> hat. In Jahwe zeigt sich Gott als Gott der Liebe und Gnade und Barmherzigkeit. Dieses Wort kommt in der Bibel zum ersten Mal im <24>. Kapitel (in dessen <12>. Vers) vor. Insgesamt kommt es <3> Mal im Kapitel vor (in den Versen 12, 14 und 49). Alle diese Zahlen finden sich in der Primzahlzerlegung der Zahl <72>.

https://www.zeitundzahl.de/Download/Zahlen/Bedeutung_der_Zahlen.pdf

Die Primzahldarstellung von <72> ist 2 * 2 * 2 * 3 * 3 mit 5 Primzahlfaktoren.
Es gibt <6> Faktorpaare (1 * 72, 2 * 36, 3 * 24, 4 * 18, 6 * 12, 8 * 9).
Dreidimensionale Darstellung (Zahl, Strahl, Kreis) = (72, 24, 3)

Die 5 Primzahlfaktoren lassen sich in symmetrischer Weise schreiben:

$$72 = 2^3 * 3^2$$

Durch das Buch der Offenbarung im NT erkennen wir die Zahl <24> (24 Älteste) als Symbol des Himmels (der Herrlichkeit). Im Namen Jahwe mit dem vollen Wert <72> liegt somit die Verbindung der göttlichen Dreieinheit (<3>) mit der Zahl des Himmels (<24>).

$$72 = 3 * 24$$

Die Zahl <72> hat aber auch einen Bezug zur Chronologie der Bibel. Die Flut, das Gericht über die (erste) Menschheit, war im Jahr <1656> a. H. Diese Zahl ist ein Vielfaches von <72>:

$$1656 = 23 * 72$$

Die Zahl <23> steht für den Tod. Im Jahr der Flut spiegelt sich somit das Gericht Gottes, das im Tod aller Menschen (bis auf einen Überrest von <8> Personen) bestand. Diese Personen waren der Anfang eines neuen Menschengeschlechts, dem sich Gott in seiner Gnade (<72>) zuwandte, indem er seinen Sohn sandte. Dadurch war es möglich, dass Menschen wieder mit dem Himmel in Verbindung treten konnten. Im NT, im <72>. Vers der Offenbarung, lesen wir über den Schreiber dieses Buches:

{Offenbarung 4.1}
Nach diesem sah ich: und siehe, eine Tür war aufgetan in dem Himmel, und die erste Stimme, die ich gehört hatte wie die einer Posaune mit mir reden, sprach: **Komm hier herauf**, *und ich werde dir zeigen, was nach diesem geschehen muss.*

In diesem Vers (und damit in der Zahl <72>) sehen wir die Trennung von Erde und Himmel aufgehoben. Der Mensch Johannes darf dann in den weiteren Kapiteln der Offenbarung die wunderbaren Ereignisse der Zukunft sehen.

{Offenbarung 4.1}
Nach diesem sah ich: und siehe, eine Tür war aufgetan in dem Himmel, und die erste Stimme, die ich gehört hatte wie die einer Posaune mit mir reden, sprach: Komm hier herauf, **und ich werde dir zeigen, was nach diesem geschehen muss.**

https://www.zeitundzahl.de/Download/Zahlen/Bedeutung_der_Zahlen.pdf

Am Ende der Offenbarung wird ihm zuletzt der **ewige Zustand** mit **neuem Himmel und neuer Erde** gezeigt.

{Offenbarung 21.1}

Und ich sah einen neuen Himmel und eine neue Erde; denn der erste Himmel und die erste Erde waren vergangen, und das Meer ist nicht mehr.

Im Griechischen ist „ich sah" ein Wort. Dieses Wort ist das <8856>. Wort der Offenbarung. Es gilt:

$$8856 = 123 * 72$$

Die Zahl <72> bestimmt auch die Gesamtzahl aller Buchstaben der Offenbarung. Das letzte Buch der Bibel besteht aus <46512> Buchstaben (siehe Kapitel „Das 1. Zahlensiegel der Offenbarung"). Es gilt:

$$46512 = 646 * 72 = 2 * 17 * 19 * 72$$

In diesem Produkt zeigt sich durch die Primzahlzwillinge <17> und <19> um die Zahl <18> der Schöpfer der (ersten) Schöpfung, verbunden mit der Zahl <72> des ewigen Zustands und der Zahl <2> des Sohnes Gottes. Die Anzahl der Buchstaben der Offenbarung offenbart die drei zentralen Themengebiete der Bibel.

Christus, der Sohn Gottes
Der erste Himmel und die erste Erde
Der neue Himmel und die neue Erde

Die Zahl <72> bestimmt aber auch die Gesamtzahl aller Kapitel der Bibel. AT und NT sind zusammen in <**1189**> Kapitel unterteilt. Das Faktorpaar 8 * 9 lässt sich auch schreiben als:

$$1 * 1 * 8 * 9$$

G. Botzen [BOTZ] hat darauf hingewiesen, dass die Ziffern dieses Produkts, additiv geschrieben, genau die Anzahl der Kapitel des Wortes Gottes ergeben:

1 1 8 9

Ohne die beiden Ziffern <1> ergibt sich die Anzahl der Kapitel der Evangelien:

8 9

Im vollen Wert <72> des Namens „Jahwe" ist sowohl der Inhalt als auch die Struktur des Wortes Gottes umrissen.

https://www.zeitundzahl.de/Download/Zahlen/Bedeutung_der_Zahlen.pdf

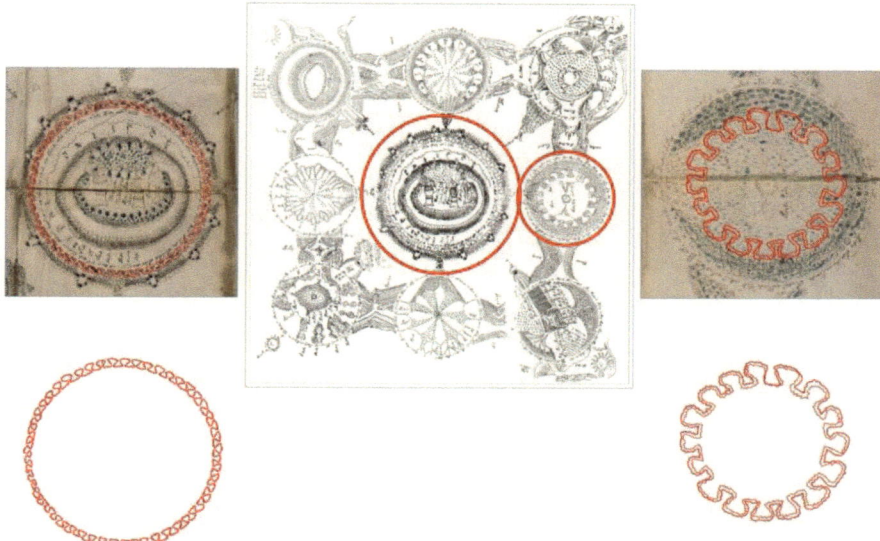

Konrad von Megenberg, Holzschnitt aus dem „Buch der Natur" von 1481 (Detail)

Gemeinfrei, https://commons.wikimedia.org/w/index.php?curid=251954

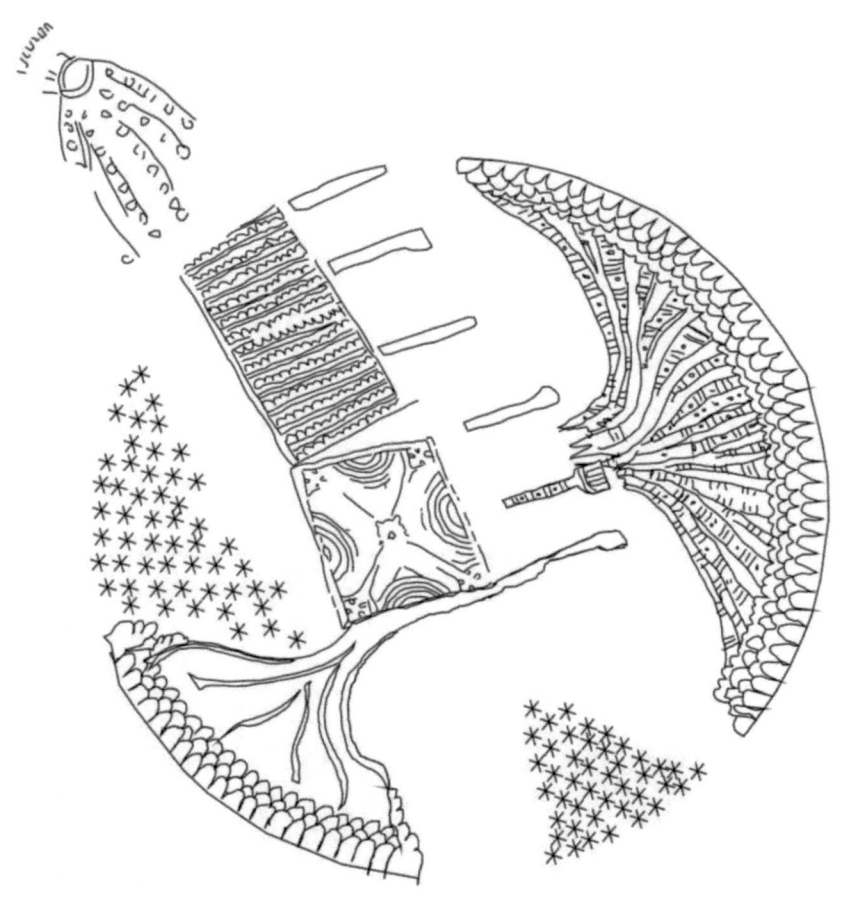

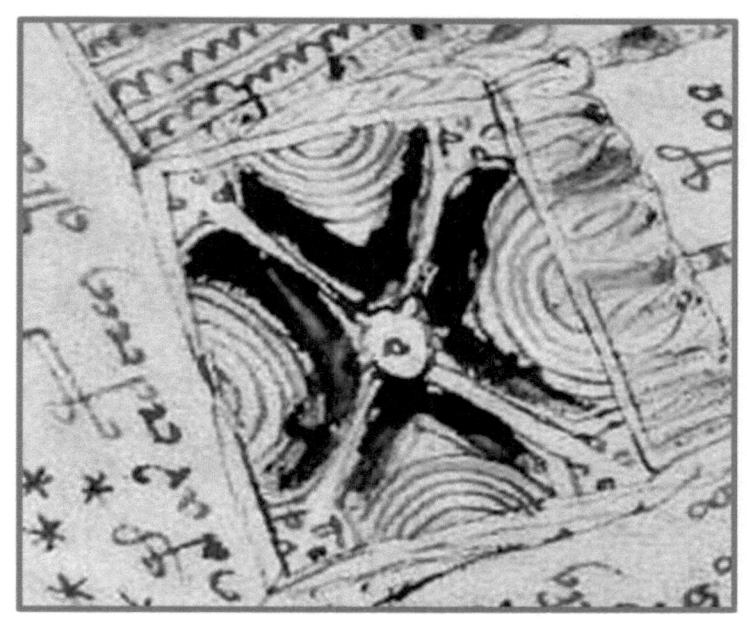

„Ein Strom entspringt in
Eden, der den Garten
bewässert; dort teilt er
sich und wird zu vier
Hauptflüssen.“

1.Mose 2,10

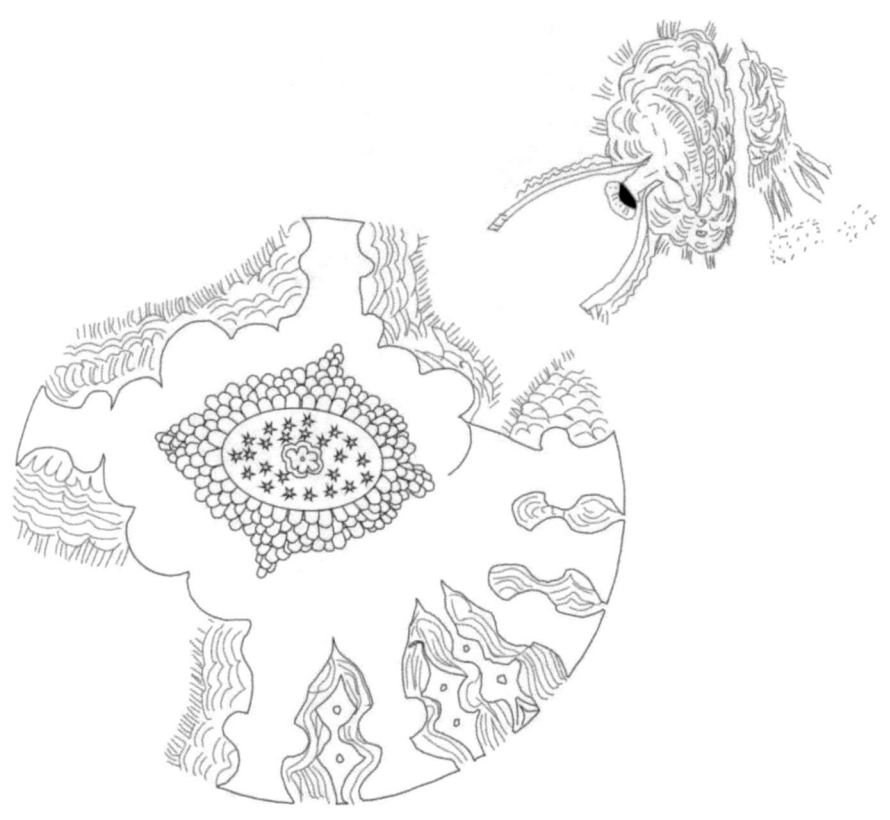

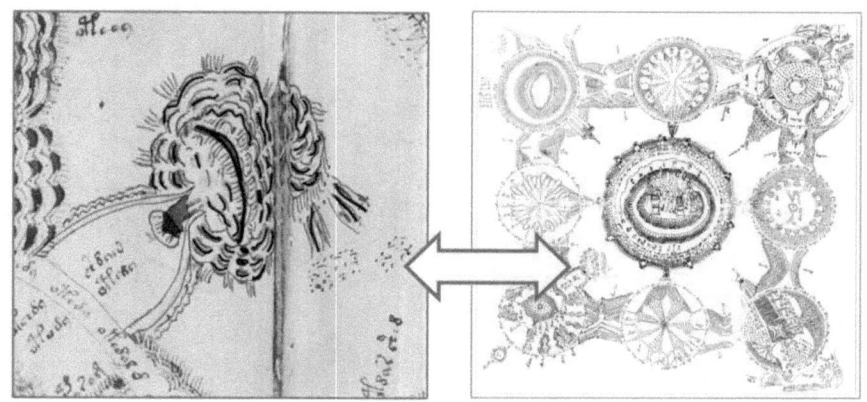

Die Hölle am Endpunkt des gewundenen Weges des Schuldbeladenen am Tag des Jüngsten Gerichts gelegen.

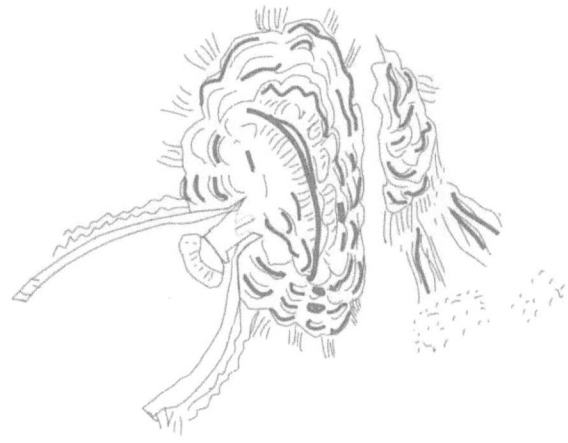

„Laut dem Talmud soll im Hinnomtal zwischen zwei Palmen ein Erdloch sein, aus dem Rauch aufsteigt; dieses Loch wird als „Eingang zum Gehinnom" bezeichnet."

https://de.wikipedia.org/wiki/Gehinnom

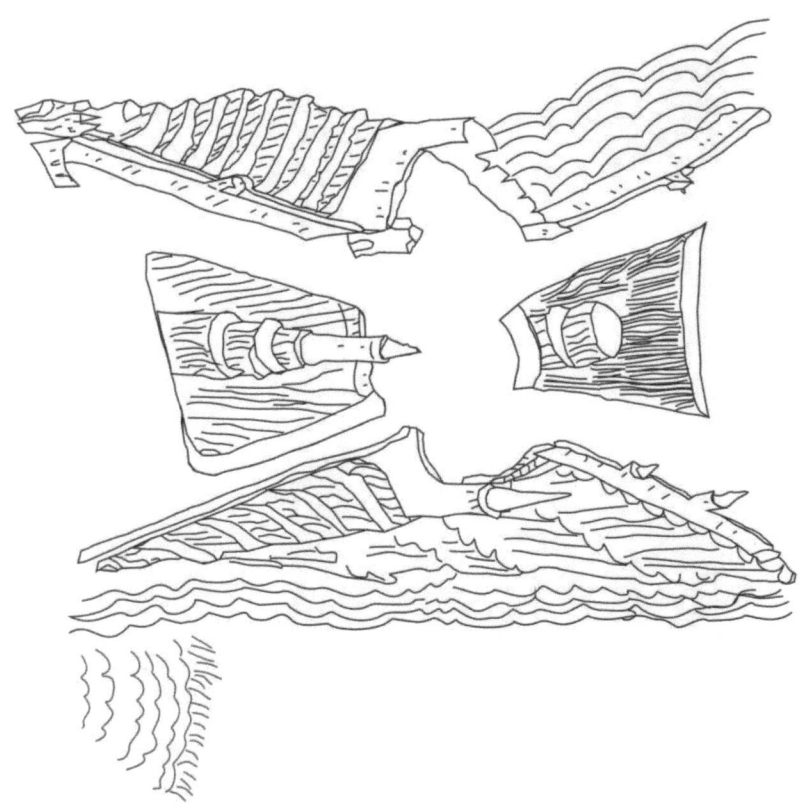

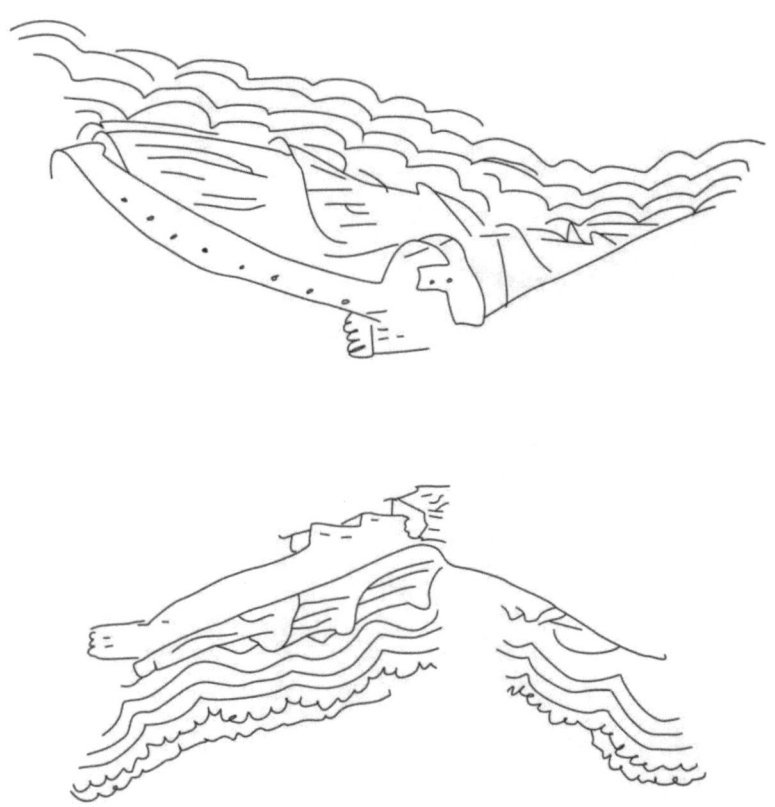

201

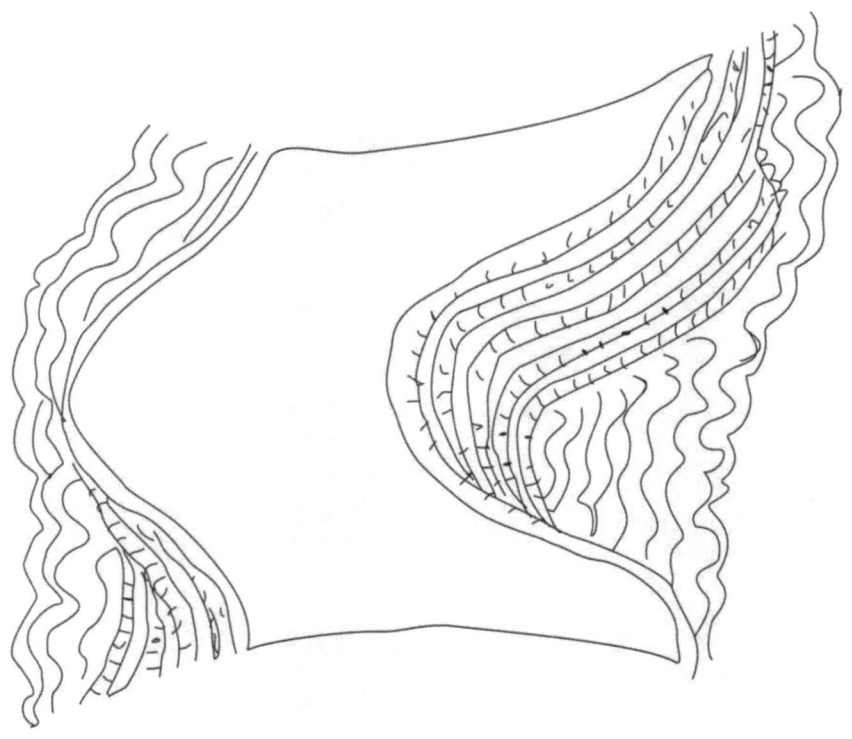

203

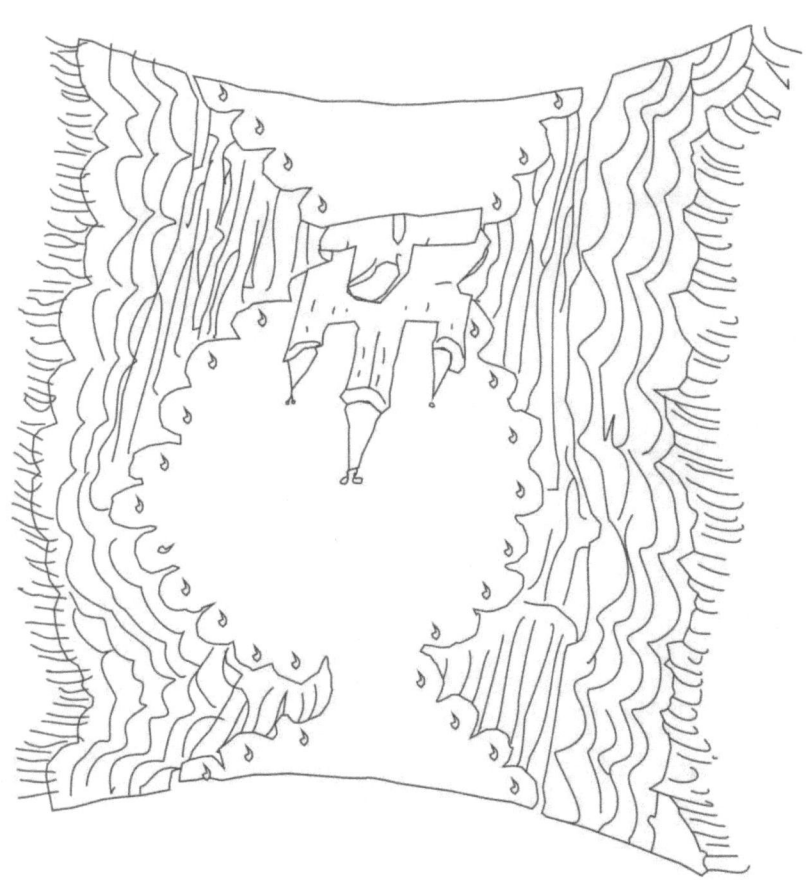

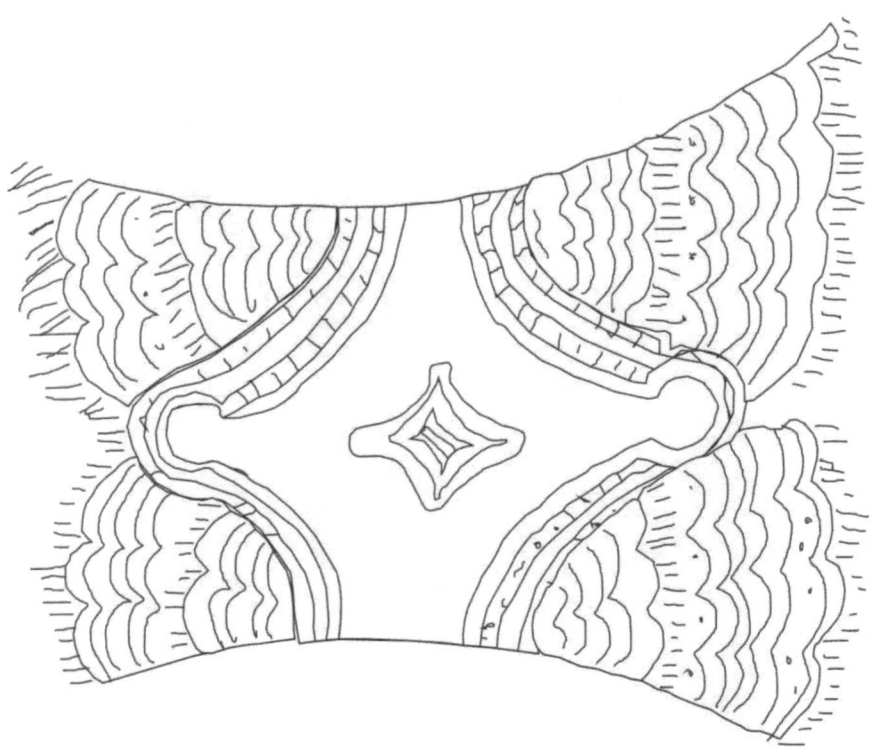

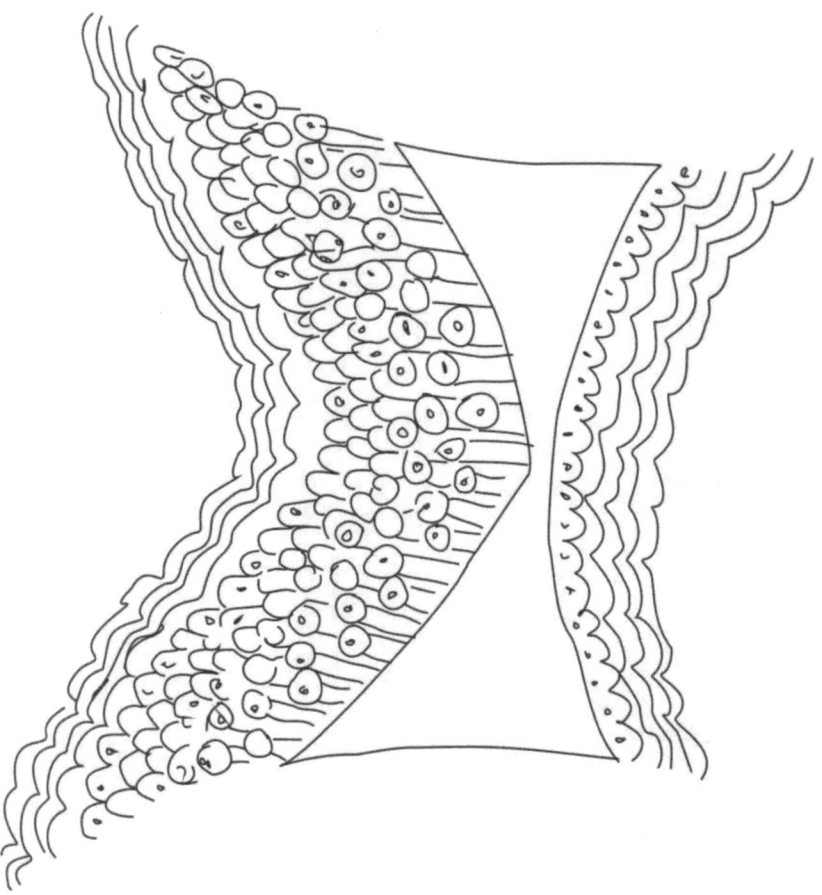

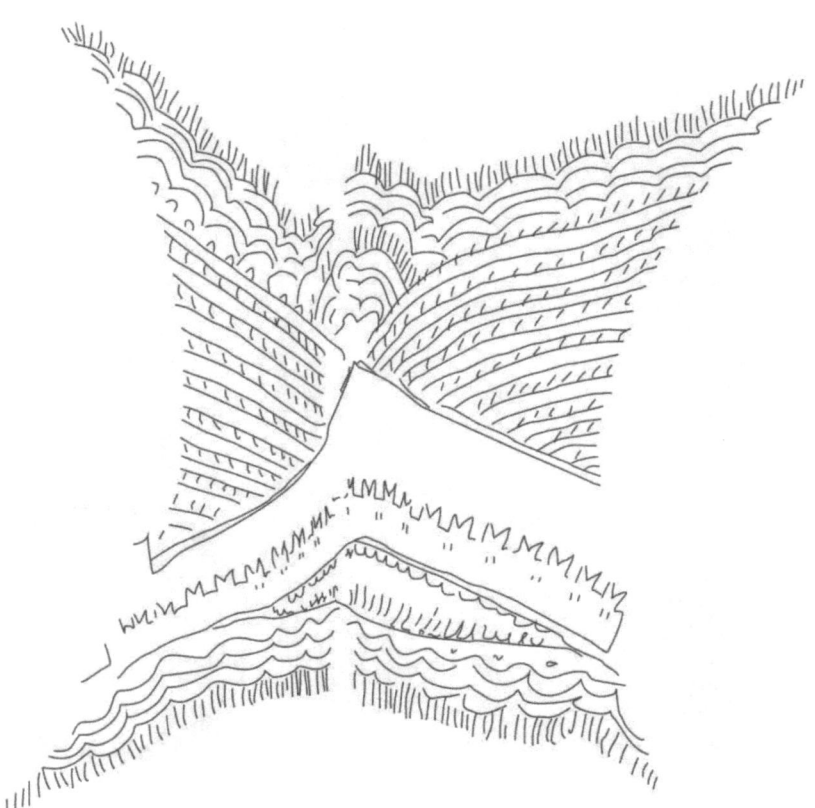

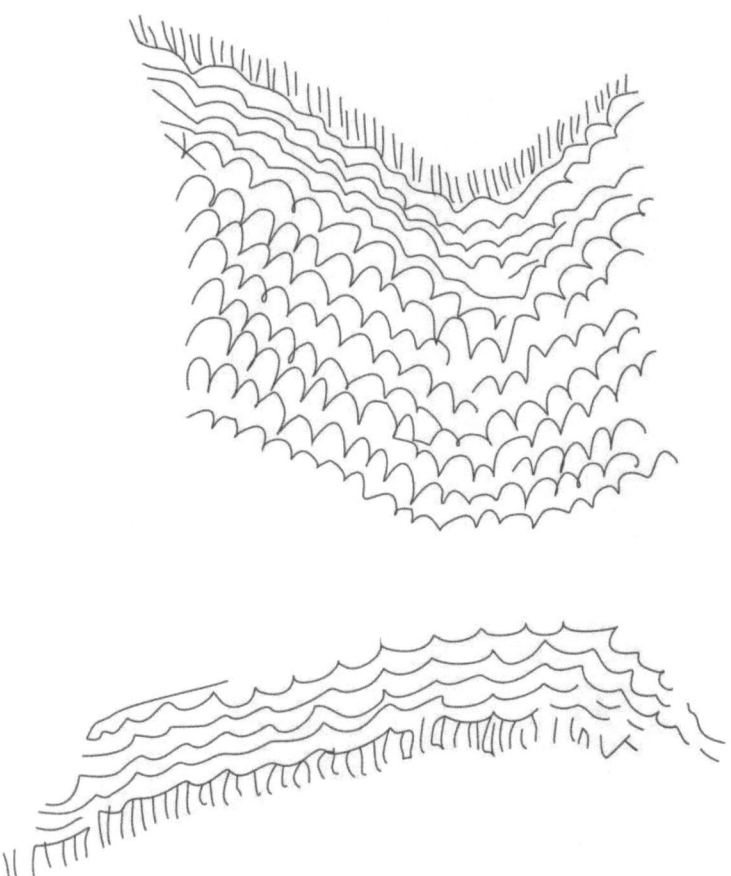

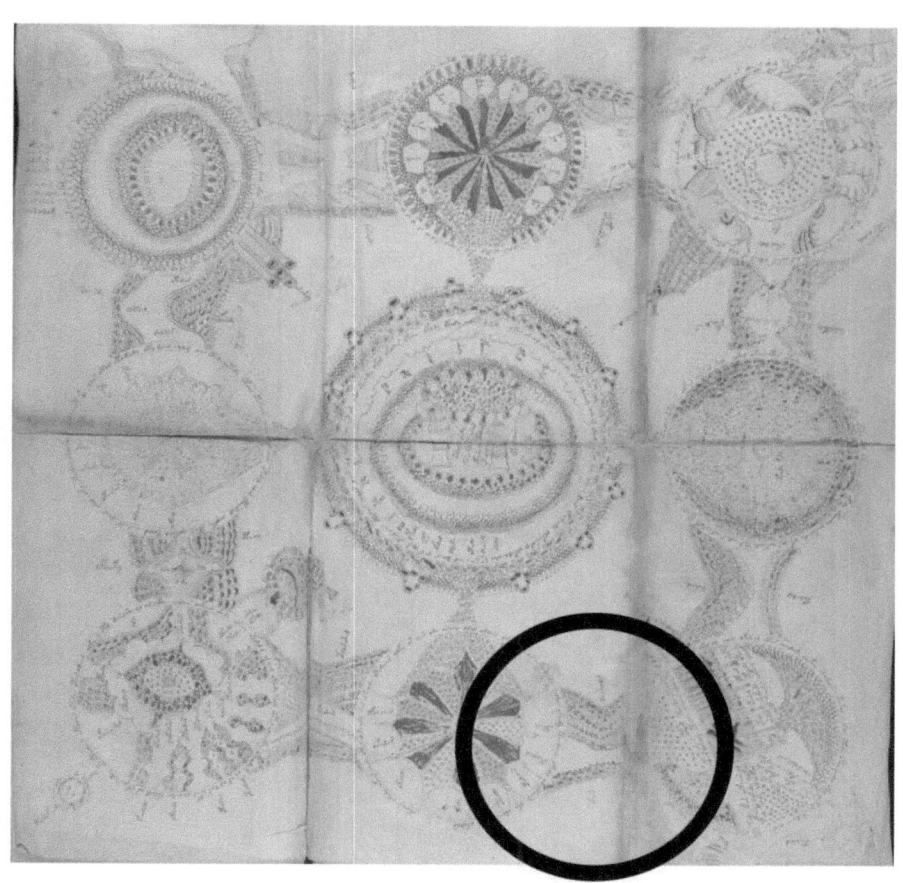

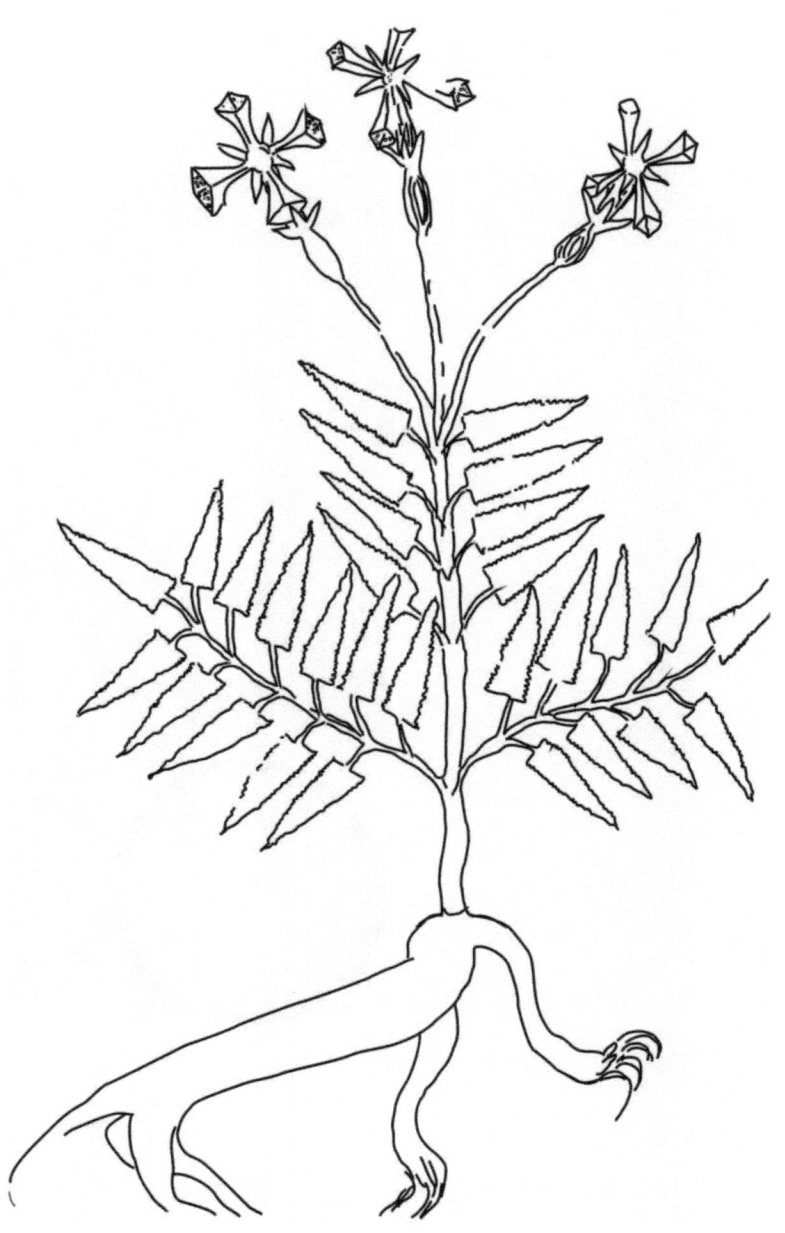

214

215

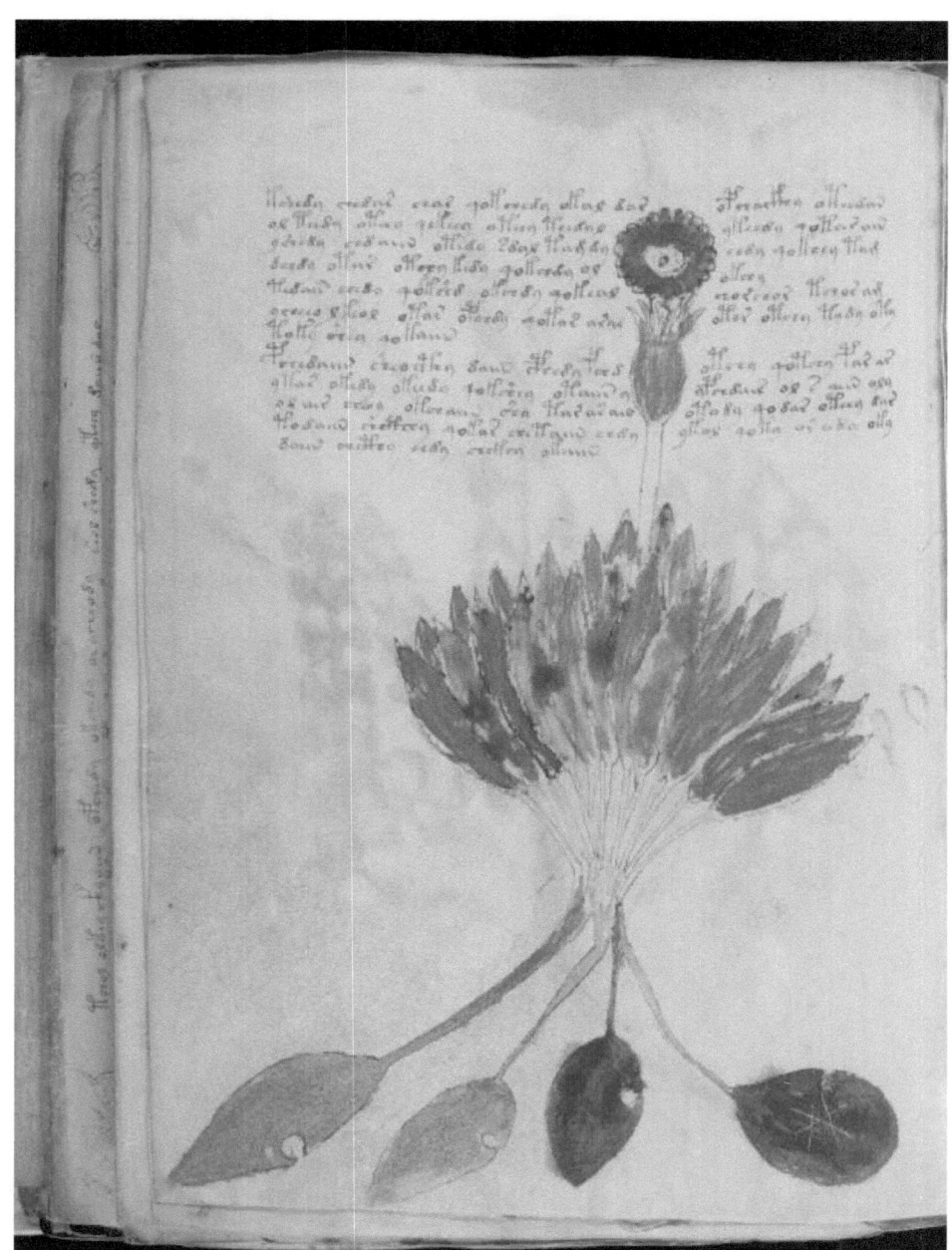

*

Der Voynich-Code

*

Vom Wahn getrieben, in einer Handschrift des 15./16. Jahrhunderts etwas auffinden zu müssen, dass nicht im Denken der damaligen Zeit verhaftet ist, treibt seit Jahren die seltsamsten Blüten. Und nicht zuletzt durch den Siegeszug des Internets nimmt der Hype um das geheimnisvollste Buch der Welt (womit nicht die Bibel gemeint ist) immer mehr an Fahrt auf. Die Superlative überschlagen sich, und da berühmte Kryptologen an der Textentschlüsselung scheiterten, muss jegliches Bemühen zur Inhaltsaufklärung als aussichtslos erscheinen.

Das Buch, das keiner lesen kann.

Betrachtet man die lange Liste
der Erfolglosigkeit bei Wikipedia, wird
man sogleich von Mutlosigkeit übermannt.

Wilfrid Michael Voynich (1865–1930), ein polnischer Revolutionär, Büchersammler und Antiquar. 1912 fand er das nach ihm benannte Manuskript.

DER VOYNICH-CODE

Der Schlüssel
in eine verlorene Welt.

www.voynichcode.de

Das Voynich-Manuskript
(f. 85r–86v)

jeweils 6 Röhren im Rund

Was ist der Sinn dieser seltsamen und einzigartigen Anordnung?

12x6=72

Der Universalgelehrte Athanasius Kircher (1602-1680), letzter Besitzer des Voynich-Manuskripts, kannte die Anordnung der Zahlen 12, 6 und 72 und zeigt den Weg in deren Geheimnisse und damit in den Inhalt des Buches, sobald man in seinem Werk nachzulesen bereit ist.

P. ATHANASIVS KIRCHERVS FVLDENSIS

Die mystische Kabbala und alles, was die Hebräer auf mysteriöse Weise über den Namen des Tetragrammatons erzählten

Athanasius Kircher ordnet die damals bekannten 72 Nationen im Kreis mit exakt 72 Strahlen als Nimbus

ATHANASIVS KIRCHERVS FVLDENSIS
è Societ. Iefu Anno ætatis LIII.

Ein erster und deutlicher Hinweis zur Bedeutung der Zahl 72

8   8
12   13
15   16

In die Blätter der 6 Zweige des mystischen Baumes der Kabbala sind hebräische Buchstaben eingraviert

Sorgfältig nummeriert sind es 35 Blätter links und 37 rechts zusammen 72.

Ha-Schem Ha-Mephorasch

השם המפורש

Athanasius Kircher ordnet den großen Namen Gottes bestehend aus 72 Wörtern in 35 und 37 (15+12+8=35 und 8+13+16=37), kennt aber auch das Geheimnis der einzigartigen Anordnung im Voynich-Manuskript 12x6=72. Er schreibt:

Bahir und Zohar sind zwei wichtige Bücher der Kabbala

Athanasius Kircher, Oedipus aegyptiacus. T. 2.1 (Ed:1652-1654), Hachette Livre, p.273

Gershom Scholem, der Wiederentdecker der Kabbala schreibt in seiner 1923 veröffentlichten Dissertation zum Buch Bahir folgendes:

„Rabbi Amōrā saß und trug vor: Was bedeutet [I Reg. 8,27]:

Sieh, die Himmel und die Himmel der Himmel fassen dich nicht"? Das lehrt, daß Gott zweiundsiebzig Namen hat, und sie alle hat er in den Stämmen bestimmt), denn es heißt [Exod. 28, 10]:„Sechs ihrer Namen) auf den einen Stein, und die übrigen sechs Namen auf den zweiten Stein", und [weiter] heißt es [Josua 4,9]: „Zwölf Steine stellte er auf". Wie j e n e Namensteine) waren, so waren auch d i e s e Namensteine, und auf zwölf Steinen sind es zweiundsiebzig [Namen], entsprechend den zweiundsiebzig Namen Gottes. Und warum beginnt er mit zwölf? Dich zu lehren, daß Gott zwölf „Leiter") hat, und jeder von ihnen sechs Potenzen. Und welche sind das? Die zweiundsiebzig Sprachen."

Gershom Scholem, Das Buch Bahir. Ein Schriftdenkmal aus der Frühzeit der Kabbala, Aurinia Verlag 2008, p. 64

Passgenauer geht es nicht. Sind wir doch tatsächlich in der Frühzeit der Kabbala angekommen, da die zentrale Signatur auf der *Rosettenseite* des Voynich-Manuskriptes überzeugend kabbalistischen Schriften zugeordnet werden kann.

Das Voynich-Manuskript ist tief im Schöpfungsverständnis der klassischen Kabbala verwurzelt, der Zahlen- und Buchstabenmystik.

Friedrich Weinreb (1910-1988) bemerkte zum Verständnis des in Bibeltexten verschlüsselten göttlichen Bauplanes der Welt folgendes, was mit Blick auf die Kabbala auch für den Inhalt des Voynich-Manuskriptes gelten kann:

„Man sollte deshalb in diesem Buch nicht mehr sehen als eine Tagestour durch ein neues Land. Um es wirklich kennen zu lernen, müßte man jahrelang darin wohnen – und Augen haben, die sehen."

Friedrich Weinreb, Der göttliche Bauplan der Welt, Origio Verlag Bern,1978. S. 374

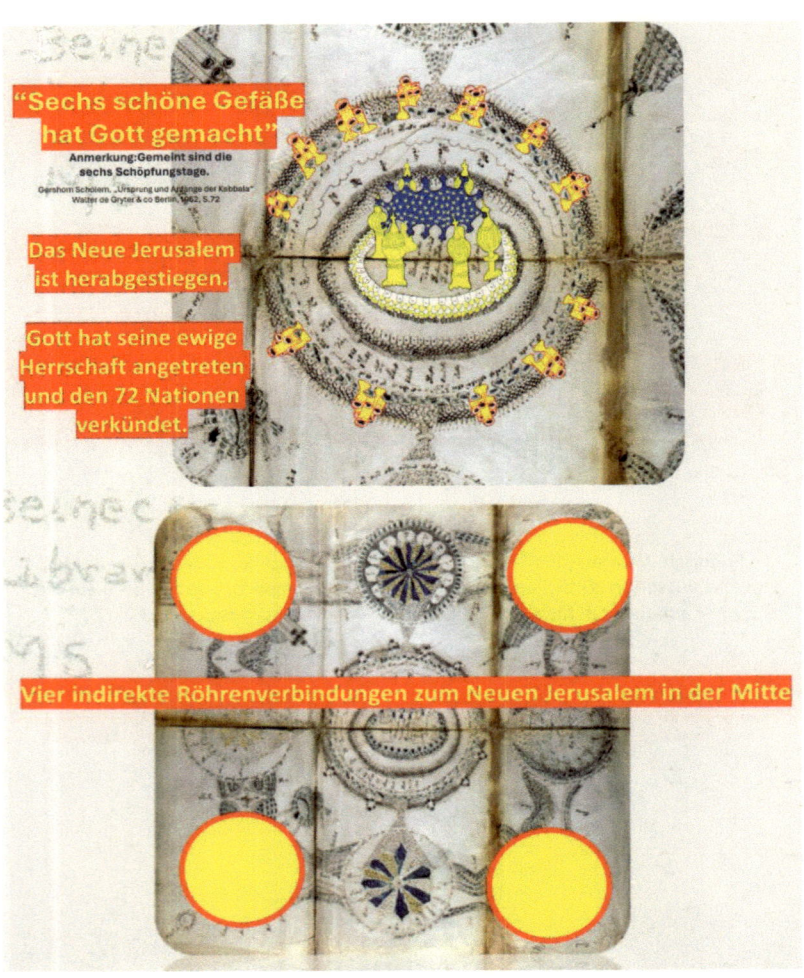

"Sechs schöne Gefäße hat Gott gemacht"

Anmerkung: Gemeint sind die sechs Schöpfungstage.

Gershom Scholem, "Ursprung und Anfänge der Kabbala" Walter de Gruyter & co Berlin, 1962, S.72

Das Neue Jerusalem ist herabgestiegen.

Gott hat seine ewige Herrschaft angetreten und den 72 Nationen verkündet.

Vier indirekte Röhrenverbindungen zum Neuen Jerusalem in der Mitte

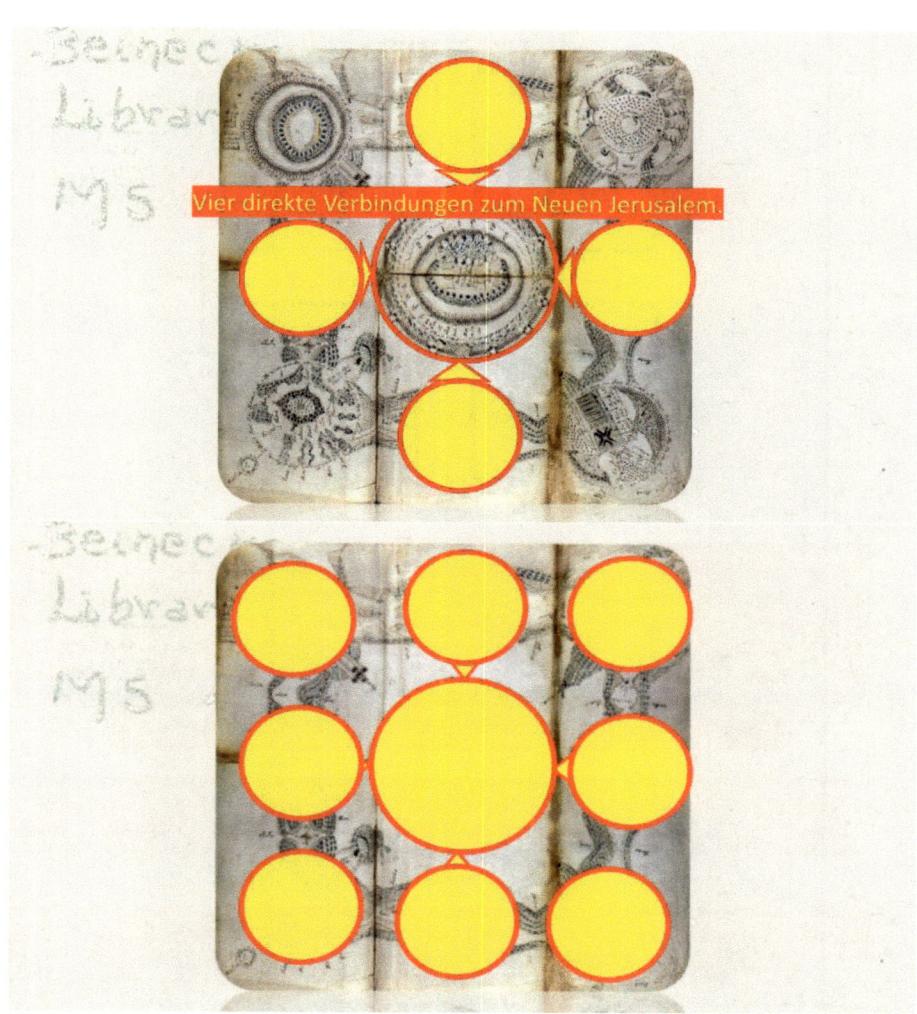

Vier direkte Verbindungen zum Neuen Jerusalem.

Das Jerusalemkreuz

„Der europäischen Judenheit aber ist diese Welt verlorengegangen. Die Wissenschaft vom Judentum, die sich um die Erkenntnis der Wesensart und Geschichte, um die historische Physiognomik des Judentums bemüht, ist bis auf unsere Generation ziemlich verständnislos an den Dokumenten der Kabbala vorübergegangen. Denn als die Juden in Westeuropa um die Wende des 18. Jahrhunderts den Weg zur europäischen Kultur mit so viel Entschiedenheit einschlugen, war die Kabbala eines der ersten und wichtigsten Opfer, die auf diesem Wege fielen. Die Welt der jüdischen Mystik mit ihrer ganz nach innen versponnenen Symbolik wurde nun als fremd und störend empfunden und schnell vergessen. […]

Jahrhunderte hindurch hatte diese Welt für das Selbstverständnis der Juden die größte Aktualität besessen. Nun versank sie gleichsam im Strudel der neuen Zeit, und zwar so vollständig, dass sie sich einem sachlichen Verständnis durch Generationen hindurch fast völlig entzogen hat. […]

Der Schlüssel zum Verständnis der Schöpfungen der Kabbalisten schien verloren. Ratlos und verlegen stand man vor einer Welt, in der es sich nicht so sehr um bündige Begriffe handelte, die man entwickeln konnte, sondern eben um Symbole von besonderer Art."

Gershom Scholem, Zur Kabbala und ihrer Symbolik, Suhrkamp Taschenbuch Wissenschaft, 6. Auflage 1989, S. 8

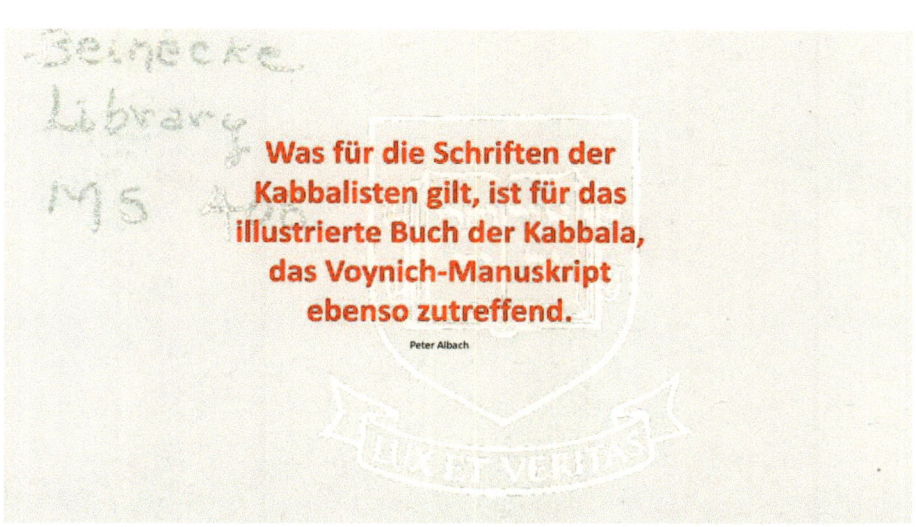

Was für die Schriften der Kabbalisten gilt, ist für das illustrierte Buch der Kabbala, das Voynich-Manuskript ebenso zutreffend.

Peter Albach

II

Bildnachweise

*

1. Das erweiterten Cipher manuscript basiert auf den öffentlich zugänglichen Bildtafeln der Beinecke Rare Book and Manuscript Library. *https://collections.library.yale.edu/catalog/2002046*

2.Die Verwendung meiner Detailzeichnungen bedarf der ausdrücklichen Zustimmung.

*

Seite 11-14, Illustrationen aus dem Erbario di Trento von mir abgezeichnet und dem Voynich-Stil angepasst

Seite 17, "Leibniz binary system 1697",
https://commons.wikimedia.org/wiki/File:Leibniz_binary_system_1697.jpg

Seite 41, "Ramon Llulls 16-teilige Arbor scientiae (ca. 1295) in einem Holzschnitt von 1505"
https://de.wikipedia.org/wiki/Baum_des_Wissens

Seite 42, "Robert Fludd, Baum des Lebens",
https://commons.wikimedia.org/wiki/File:Tree_of_Life_Fludd.jpg
Holzschnitt 1617

Seite 43, "Der Baum des Porphyrios auf einem Fresko (18.
Jahrhundert)",Bibliothekssaal des Klosters Schussenried, Franz
Georg Hermann, Gemeinfrei,
https://commons.wikimedia.org/w/index.php?curid=16651294

Seite 44, "Ramon Llull, Der »Baum des Wissens« (Arbor scientiae)" um
1295 mit Ramon und der personifizierten Filosofia de amor,
http://www.philoreal.de/websystem/disziplinentheorie.html

Seite 45, "Ramon Llull -Natürlich logischer Baum",
https://anthrowiki.at/Ars_generalis_ultima

Seite 46, "Athanasius Kircher, Mystischer Baum im Paradies",
Œdipus Ægyptiacus T.2,1 (Ed.1652-1654). (Iconismus inserendus
tom. II Fol. 287)

Seite 146, "Jona und der Wal - Pieter Lastmann",1621,
Pieter_Lastman_-_Jonah_and_the_Whale_-_Google_Art_Project

Seite 152, "Keplers erstes Horoskop für Wallenstein aus dem Jahr
1608", https://de.wikipedia.org/wiki/Johannes_Kepler

Seite 153, "Athanasius Kircher Systema Sephiroticum", 1652–1655
Œdipus Ægyptiacus (zweiter Band, Teil 1) Hachette Livre, S.288

Seite 155, "Gian Galeazzo Visconti Herzog von Mailand", John
Hartmann, Stundenbücher und ihre Eigentümer, Verlag Herder
Freiburg im Breisgau, 3.Auflage,1989, S.74

Seite 161, "Kalligrafie von 1654 aus Jesus Sirach", Zentralbibliothek
Zürich, Gemeinfrei,
https://commons.wikimedia.org/w/index.php?curid=24907879

Seite 164, "Lullus, Raimundus, Haus der Weisheit", Valentia : Costilla, 1512, https://www.digitale-sammlungen.de/de/view/bsb10203463?page=113

Seite 169 "Kardinalssiegel des Nikolaus von Kues, 1454, Original im Bischöflichen Archiv Brixen. https://www.rheinische-geschichte.lvr.de/Persoenlichkeiten/nikolaus-von-kues/DE-2086/lido/57c95497666f66.20231829

"Weltall", https://de.m.wikipedia.org/wiki/Datei:Meister_des_Hildegardis-Codex_001.jpg